Bulletin
de la Société Paul Claudel

2019 – 2, n° 228

Bulletin de la Société Paul Claudel

Paul Claudel et Ida Rubinstein

PARIS
CLASSIQUES GARNIER
2019

© 2019. Classiques Garnier, Paris.
Reproduction et traduction, même partielles, interdites.
Tous droits réservés pour tous les pays.

ISBN 978-2-406-09601-6
ISSN 0037-9506

SOMMAIRE

EN MARGE DES LIVRES ET THÈSE

ACTUALITÉS

PAUL CLAUDEL DANS LE FONDS D'ARCHIVES IDA RUBINSTEIN DE LA BIBLIOTHÈQUE DU CONGRÈS DE WASHINGTON

Dans le *Bulletin de la Société Paul Claudel*, n° 201 de mars 2011, p. 78, une note précisait :

> La « Library of Congress » (USA) a acquis une importante collection de documents concernant Ida Rubinstein dont environ 45 lettres de Claudel à Ida Rubinstein. Elles vont de 1919 à 1945 (mais la majorité des pièces sont de 1930-1936). On trouve également dans ce fonds divers manuscrits (*Jeanne d'Arc au bûcher*, *Le Festin de la Sagesse*, *La Sagesse ou la parabole du Festin*).

Le mystère a longuement plané sur l'ensemble des archives d'Ida Rubinstein (1883 ?-1960), personnalité fascinante de la vie artistique de la première moitié du XXᵉ siècle. D'abord célèbre en France par son interprétation, au sein des Ballets russes, de *Shéhérazade* au côté de Nijinski en 1910, elle est surtout la mécène et l'interprète de multiples ouvrages, dont *Le Martyre de saint Sébastien* de d'Annunzio et Debussy en 1911 et *Le Boléro* de Ravel en 1929. En 1995, Jacques Depaulis, dans l'ouvrage de référence qu'il a publié sur Ida Rubinstein[1], a essayé de retracer ce que ses documents professionnels avaient pu devenir après sa mort en 1960. En 1963, la Société Paul Claudel avait pris contact avec Madame Lina Koll, dite Mˡˡᵉ Ollivier, dernière secrétaire d'Ida Rubinstein. Celle-ci a répondu dans une lettre :

> Après son décès, j'ai rangé soigneusement toutes ses affaires dans des malles dont j'ai fait l'inventaire. Il n'y avait aucun des manuscrits ni lettres auxquels vous faites allusion. Ces manuscrits sont donc restés au garde meuble [...]. Dans une lettre où il me demandait les clefs, le Receveur des Domaines de Grasse m'indiquait que les divers objets en dépôt à Paris avaient été vendus. Je pense donc que les lettres et manuscrits qui vous intéressent ont été vendus à l'Hôtel Drouot[2].

---

1   Jacques Depaulis, *Ida Rubinstein, une inconnue jadis célèbre*, Paris, Champion, 1995.
2   Cité par Jacques Depaulis, *op. cit.*, p. 529.

Néanmoins, aucune trace n'a jamais été trouvée de cette vente. D'autres chercheurs ont par la suite pris contact avec Madame Koll, notamment Yehuda (Jean-Bernard) Moraly, à l'époque de sa thèse de doctorat dans les années 1970, sans que la secrétaire apporte davantage d'explications mais suscitant, à juste titre, la méfiance du chercheur. L'opinion qui l'a emporté – et que je partageais – était donc de penser que l'ensemble des documents d'Ida Rubinstein avait disparu dans le pillage de son hôtel particulier de la place des États-Unis en 1940.

La note parue dans le *Bulletin* en 2011 invitait bien évidemment à se rendre sur place pour vérifier ce qu'il en était. En octobre 2016, profitant d'un colloque à Montréal, j'ai eu l'occasion d'aller à la Bibliothèque du Congrès à Washington pour consulter ce fonds, classé et inventorié par Elizabeth Aldrich en 2010. Un fascicule décrit le fonds ; l'introduction retrace son histoire :

> La Bibliothèque du Congrès a acheté la collection Ida Rubinstein en 2009 à John Wayne, un ancien employé de la Bibliothèque, qui s'intéressait beaucoup à Rubinstein et prévoyait d'écrire une biographie. Les matériaux se divisent en trois types : 1) les matériaux de recherche reproduits par John Wayne à partir des collections d'autres fonds d'archives ; 2) des matériels originaux, tels que des programmes et des photographies, achetés par Wayne ; et 3) les matériaux originaux, obtenus par Wayne auprès de la dernière secrétaire personnelle de Rubinstein, Lina Koll-Ollivier.
>
> Au milieu des années 90, Koll-Ollivier remit les documents à Wayne, notamment de la correspondance, de la musique, des livrets, des coupures de journaux, des documents professionnels et personnels, ainsi que des photographies[3].

C'est bien sûr la troisième partie du fonds qui est la plus importante et la plus précieuse. Elle permet de mettre fin à la thèse du pillage de 1940 qui aurait fait perdre à Ida Rubinstein ses documents. On retrouve, en effet, dans ce fonds, toutes ses archives, en particulier un ensemble

---

3   « Introduction », « Ida Rubinstein Collection. Guide to Special Collections In the Music
     Division of the Library of Congress », Washington, D.C., 2010, p. iii. Voici le texte ori-
     ginal : « The Library of Congress purchased the Ida Rubinstein Collection in 2009 from
     former Library employee, John Wayne, who had a significant interest in Rubinstein and
     planned to write a biography. The materials divide into three types : 1) research materials
     duplicated from the collections of other repositories by John Wayne ; 2) original materials,
     such as programs and photographs, purchased by Wayne ; and 3) original materials, which
     were obtained by Wayne from Rubinstein's last personal secretary, Lina Koll-Ollivier. //
     Koll-Ollivier gave the materials to Wayne in the mid-1990s, including correspondence,
     music, libretti, clippings, business and personal papers, and some photographs. »

impressionnant de lettres, des partitions et manuscrits, de nombreux documents sur ses spectacles (prospectus, programmes…), des dossiers de presse, de nombreuses photographies et tous ses papiers officiels (passeports par exemple). Il y a donc là de quoi compléter, si ce n'est corriger et renouveler, les études qui lui ont été consacrées.

Pourquoi Madame Lina Koll a-t-elle ainsi menti sur l'histoire de ce fonds d'archives ? Qu'espérait-elle en conservant tous ces documents dont, légalement, elle n'était pas la propriétaire ? Pourquoi, après avoir été contactée par plusieurs personnes, a-t-elle soudainement remis (vendu ?) l'ensemble à John Wayne qui n'est pas parvenu, de son côté, à achever l'étude qu'il avait commencée ? Était-ce le moyen de masquer une appropriation illégale en organisant le départ de la collection vers les États-Unis ? Il semble que John Wayne ait pris contact avec elle dès le début des années 1970 et peut-être lui avait-elle ainsi accordé une forme de priorité. Il reste beaucoup de questions, pour l'instant sans réponses ; on peut néanmoins se réjouir que toutes ces archives aient refait surface pour être mises dans leur ensemble à la disposition des chercheurs, malgré leur éloignement.

Nous nous proposons ici de revenir sur les documents concernant Paul Claudel au sein de ce fonds en faisant tout d'abord connaître les lettres que Claudel a adressées à Ida Rubinstein avant d'analyser brièvement les manuscrits et dactylographies présents.

LETTRES DE PAUL CLAUDEL
À IDA RUBINSTEIN
ET À SA SECRÉTAIRE PAULINE RÉGNIÉ,
accompagnées des lettres d'Audrey Parr
à Pauline Régnié et Ida Rubinstein
et d'une lettre d'Ida Rubinstein à Paul Claudel

On possédait, jusque-là, quelques lettres d'Ida Rubinstein (ou de sa secrétaire) à Claudel et Honegger[4], tandis que les correspondances successivement éditées avec Darius Milhaud, Audrey Parr, Arthur Honegger et Igor Stravinsky apportaient de nombreuses précisions sur l'ensemble

---

4   Publiées dans Paul Claudel, *Correspondance musicale*, Genève, Papillon, 2007.

des réalisations projetées : *La Sagesse ou la Parabole du Festin* et *Jeanne d'Arc au bûcher*, œuvres conçues en 1934-1935, puis *L'Histoire de Tobie et de Sara* qui date de 1938. La connaissance des lettres de Paul Claudel à Ida Rubinstein n'est donc pas de nature à bouleverser la vision de cette période[5]. En revanche, celles-ci permettent de mieux appréhender cette relation tout à fait singulière qui, après *Le Livre de Christophe Colomb*, a donné au dramaturge les moyens d'explorer de nouveau sur la scène l'alliance des arts.

La première lettre remonte à 1919, alors qu'un projet de représentation des *Choéphores* était en train de s'élaborer, avec l'acteur Édouard de Max. Ida Rubinstein aurait-elle alors interprété Électre ? Le projet ne s'est pas fait mais, seize ans plus tard, à Bruxelles, c'est dans le rôle de Clytemnestre qu'elle s'est distinguée.

La correspondance est lancée, cette fois de manière régulière, à partir d'octobre 1934. La première collaboration est déjà en train : en août 1934, Milhaud écrivait à la mécène :

> En rentrant à Aix je me suis arrêté au château de Brangues, dans l'Isère, chez Paul Claudel, pour lui parler du projet de spectacle que vous avez bien voulu me demander.
>
> Il a accepté avec joie de travailler pour vous et a ébauché un admirable projet de livret pour un spectacle sur Shekinah (la Sagesse) d'après la Bible. Il y aurait quatre parties et le rôle de Shekinah qui comprend de la déclamation et de la danse me paraît merveilleux pour la grande artiste que vous êtes et que j'admire tant. Mais c'est difficile de vous résumer ce projet encore à l'état d'ébauche, par lettre[6]…

Il est intéressant de noter que la seconde lettre, évoquant la mise en scène de *L'Otage* à la Comédie-Française en octobre 1934, fait déjà une place aux chœurs parlés des Renaudins qui, quelques mois plus

---

5   Voir Yehuda Moraly, *Claudel metteur en scène : la frontière entre les deux mondes*, Besançon, PUFC, 1998 ; Pascal Lécroart, *Paul Claudel et la rénovation du drame musical*, Sprimont, Mardaga, 2004 ; et Thérèse Mourlevat, « Incertitudes et tergiversations autour de *La Sagesse* de Paul Claudel », in *Ida Rubinstein, une utopie de la synthèse des arts à l'épreuve de la scène*, Pascal Lécroart (dir.), Annales littéraires de l'Université de Besançon, 2008, p. 247-264.

6   Lettre inédite, Bibliothèque du Congrès, Fonds Ida Rubinstein. Parlant à son ami Paul Collaer quelques mois auparavant, à la suite de la création de *Perséphone*, Milhaud voyait tout autrement les talents d'interprète d'Ida Rubinstein : « C'est très beau, mais il ne faut pas regarder la scène avec cette grande idiote qui bêle et danse comme un vieux papillon qui aurait été épinglé dans une boîte et qui essayerait de revoler » (lettre du 4 mai 1934 à Paul Collaer, *in* Paul Collaer, *Correspondance avec des amis musiciens*, éd. R. Wangermée, Sprimont, Mardaga, 1996, p. 339).

tard, participeront aux représentations des *Choéphores* à Bruxelles. Les ingrédients sont déjà présents qui vont donner à cette correspondance un tour inattendu. Alors que les premières lettres permettent simplement de reconstituer les étapes d'une collaboration professionnelle harmonieuse, les représentations des *Choéphores* les 27 et 28 mars 1935 déclenchent un enthousiasme irrépressible. Claudel écrit à sa fille Reine au lendemain de la première : « Nous sommes tous très contents. Le résultat a été vraiment impressionnant. [...] Ida dans Clytemnestre absolument superbe, épatante ! C'est une révélation. Je suis content de travailler avec elle[7]. » Comme il le précise quelques jours plus tard, il envisage, pour sa retraite, comme principale occupation artistique, de « travailler les chœurs parlés et la mimique avec Ida Rubinstein. La représentation des *Choéphores* [lui] a donné beaucoup d'idées[8]. » De fait, il imagine aussitôt de nouveaux projets et la voit immédiatement dans le rôle de Cassandre dans *Agamemnon*. Grâce à son soutien financier, *Les Choéphores* sont reprises le 16 mai à Bruxelles : c'est alors la conclusion de la carrière diplomatique de Claudel qui quitte Bruxelles le 1ᵉʳ juin. En même temps, tenant compte des possibilités physiques et chorégraphiques de l'interprète, il retouche *La Sagesse* qui est, bien plus que *Jeanne d'Arc au bûcher*, au centre de ses préoccupations. L'entente est alors parfaite et Claudel « reçoi[t] tous les jours de longs télégrammes d'Ida qui [ll]'accable de son admiration[9] ». Cependant, la responsabilité de la réalisation scénique et les tensions entre Audrey Parr et Ida Rubinstein lui pèsent. Quelques lettres apportent des éléments de réflexion esthétique précieux, notamment lorsque Claudel fait le lien entre la dramaturgie héritée du symbolisme et de Mallarmé, et le nô japonais. Comment ne pas regretter que cette réalisation de *La Sagesse* n'ait pu aboutir, l'œuvre elle-même étant tombée dans l'oubli ? On mesure encore mieux, grâce à cette correspondance, l'étroite alliance recherchée entre le texte, la composition de la partition, l'établissement des décors, des costumes, et même le travail vocal et chorégraphique réalisé avec l'interprète principale. Il y a de quoi rêver lorsque l'on voit le projet de Claudel, présenté dans sa lettre du 2 août 1935, concernant le château de Marteray : celui-ci aurait pu devenir un lieu de travail collaboratif pour expérimenter leurs créations scéniques – une sorte de nouvel atelier d'Hellerau. Pour

---

7   Lettre du 28 mars. Paul Claudel, *Lettres à sa fille Reine*, éd. Michel Malicet, Lausanne, L'Âge d'Homme, 1991, p. 124.

8   Lettre de début avril 1935, *ibid.*, p. 126.

9   Lettre du 25 juin 1935, *ibid.*, p. 136.

peu, *La Sagesse* aurait constitué un prototype des écritures de plateau aujourd'hui si à la mode…

À partir de 1936, l'esprit de cette correspondance change : si Milhaud a repris la 4ᵉ partie de *La Sagesse* qui avait déçu, c'est surtout le report des représentations qui dilue l'entente initiale. Le mouvement de conversion d'Ida, plus tard la composition de *L'Histoire de Tobie et de Sara* en 1938, ou la création de *Jeanne d'Arc au bûcher*, d'abord à Bâle en mai 1938, puis à Orléans en mai 1939, avant différentes reprises, ne suffisent pas à renouer des liens étroits.

La correspondance s'achève avec l'évocation des représentations de *Jeanne d'Arc au bûcher* à l'Opéra de Paris : Ida Rubinstein n'assiste pas à la Première triomphale de décembre 1950. Est-elle venue ensuite à l'une des nombreuses représentations qui ont suivi ? Rien ne le dit. En ce début d'année, *La Sagesse* a enfin été créée, en version scénique, à Rome. Ni Claudel, ni Milhaud ne s'y sont rendus, mais Ida Rubinstein a reçu une lettre de Rosette Ibert, épouse du compositeur Jacques Ibert[10], datée du 16 février 1950, conservée dans le fonds : « Hier soir, nous étions à la première de *Sagesse* que vient de monter l'Opéra, l'œuvre est belle, mais je ne cessais de penser à vous et j'évoquais les heures d'élection passées avec vous. » Le 26 mai 1950, il était question qu'elle interprète *Perséphone* de Gide et Stravinsky, donnée par Paul Sacher à Bâle, mais elle se décommande finalement. Elle aura fait ses adieux à la scène deux ans auparavant, dans le cadre du Festival de Strasbourg, en interprétant encore une fois *Jeanne d'Arc au bûcher* sous la direction de Fritz Munch le 13 juin 1948.

Aux 41 envois (télégrammes, cartes ou lettres) de Paul Claudel à Ida Rubinstein conservés, nous avons joint une lettre de Claudel à la secrétaire d'Ida Rubinstein, Pauline Régnié, un document dactylographié circonstancié de Claudel concernant les droits de *La Sagesse* et de *Jeanne d'Arc au bûcher*, ainsi que trois envois d'Audrey Parr à Pauline Régnié et Ida Rubinstein, tout à fait complémentaires. Par ailleurs, le déménagement des archives de la Société Paul Claudel depuis la rue du Pont-Louis-Philippe a permis de retrouver une lettre, jusque-là oubliée, d'Ida Rubinstein à Paul Claudel.

---

10 Jacques Ibert a écrit pour Ida Rubinstein *Diane de Poitiers* et *Le Chevalier errant* qui, composé en 1935-1936, ne sera pas créé par la mécène à l'Opéra, à l'instar de *La Sagesse* et *Jeanne d'Arc au bûcher*. *Le Chevalier errant*, créé à l'Opéra en avril 1950 dans une chorégraphie de Serge Lifar, servira de première partie de soirée au moment de la création, dans le même lieu, de *Jeanne d'Arc au bûcher* en décembre 1950.

Ces documents sont reproduits le plus fidèlement possible, à l'exception des titres d'œuvres dont la présentation a été normalisée et de certains traits d'union que nous avons rétablis. Les en-têtes ont été simplifiés. Quelques lectures conjecturelles sont notées entre < >.

Quelques textes de transition sont placés occasionnellement, en italiques, entre les lettres, afin de préciser le contexte[11].

1. LETTRE DE PAUL CLAUDEL À IDA RUBINSTEIN

MINISTÈRE DES AFFAIRES ÉTRANGÈRES

Paris, le 5 juillet 1919

Madame

M. de Max[12] me dit qu'il vous a parlé de notre projet de jouer prochainement *Les Choéphores* d'Eschyle dont j'ai écrit la traduction, et que vous accepteriez d'y prendre un rôle, ce qui serait une très grande joie pour moi. Comme je pars très prochainement pour Copenhague, je serais très heureux de pouvoir causer de ce projet avec vous, et vous serais infiniment reconnaissant de me fixer un rendez-vous[13].

Veuillez agréer, Madame, mes respectueux hommages

Paul Claudel

2. LETTRE DE PAUL CLAUDEL À IDA RUBINSTEIN

AMBASSADE DE FRANCE
EN BELGIQUE

2 novembre 34

Chère madame

Merci de votre aimable t[é]l[é]gramme. Je suis heureux que malgré les graves imperfections de la Répétition générale, *L'Otage* ait trouvé le chemin de votre cœur. Laissez-moi espérer que vous pourrez assister à

---

11 Je remercie Maryse Bazaud d'avoir assuré le lourd travail de transcrire toutes ces lettres avec attention et minutie.

12 Édouard de Max (1869-1924), acteur vedette de l'époque, qui a interprété la scène finale de *Tête d'Or* avec Ève Francis lors de la matinée Paul Claudel organisée au théâtre du Gymnase par Adrienne Monnier le 30 mai 1919.

13 On n'a pas de trace de ce rendez-vous, mais la correspondance avec Milhaud évoque toujours, quelques mois plus tard, ce projet de représentation qui n'aboutira pas (voir Paul Claudel et Darius Milhaud, *Correspondance 1912-1953, Cahiers Paul Claudel*, n° 3 (désormais *CPC* 3), Paris, Gallimard, 1961, p. 55 et 57).

une représentation plus réussie, où particulièrement les chœurs parlés auront réalisé ce que j'en attendais[14].

Je vous remercie de l'aimable accueil que vous nous avez fait, Milhaud et moi[15]. Je suis persuadé qu'entre vos mains *La Parabole du Festin* pourrait être une chose grandiose. Je suis à votre disposition pour en recauser avec vous quand vous le désirerez.

Veuillez agréer, chère madame, mes respectu[eu]x hommages
P. Claudel

3. CARTE DE PAUL CLAUDEL À IDA RUBINSTEIN

AMBASSADE DE FRANCE
    EN BELGIQUE
                                                    26 nov[embre] 34

Chère madame – Merci encore pour le plaisir que j'ai eu hier à entendre avec vous ce beau programme[16] – Honegger m'a parlé de votre projet relatif à Jeanne d'Arc. Un certain nombre d'idées me sont venues, mais j'aurais besoin du texte officiel in extenso du procès qui a été publié l'an dernier, je crois, par Pierre Champion[17]. Pourriez-vous me le faire envoyer ? Si possible n[ous] pourrions avoir un rendez-vous le 3

---

14 *L'Otage* a été donné à la Comédie-Française, à partir de la Générale du 28 octobre 1934, dans une mise en scène d'Émile Fabre, alors Administrateur, avec Marie Ventura (Sygne de Coûfontaine), Jean Hervé (Georges de Coûfontaine), Fernand Ledoux (Turelure), André Bacqué (Badilon) et Georges Le Roy (Le Pape). C'était la première fois que la Comédie-Française accueillait une pièce de Claudel. La principale nouveauté consistait en l'insertion d'interventions du Chœur parlé des Renaudins, dirigé par Madeleine Renaud-Thévenet : à l'aide d'une partition établie par Paul Collaer sous les directives de Claudel, il intervenait au premier acte pour créer une impression de tempête à partir des didascalies originales, retravaillées à plusieurs voix, puis pour créer des bruitages de foule au moment de la mort de Sygne. Les difficultés rencontrées lors de la Générale obligèrent à faire venir le chœur pour les trois premières représentations, avant que l'enregistrement sur disques puisse être utilisé comme initialement prévu. On peut consulter, dans René Ducoffre, *Palette et paroles*, Liège, Dricot, 1998, p. 182-190, tout un ensemble de documents sur cette réalisation, accompagnés d'une copie, sur CD, de l'enregistrement d'époque.

15 Claudel n'a pas retenu cette rencontre dans son *Journal*. C'est au début du mois d'août que Milhaud était passé à Brangues et qu'une première esquisse de *La Sagesse ou la Parabole du Festin* avait été conçue.

16 C'est le 23 novembre, à Bruxelles, que Claudel a assisté à un concert où était créé *Pan et la Syrinx* de Milhaud à la Société Philharmonique. On peut penser que la lettre a été datée, par erreur, du 26, lendemain de la mort de Philippe Berthelot, au lieu du 24. L'agenda d'Honegger montre qu'il était présent (voir Harry Halbreich, *Arthur Honegger*, Paris, Fayard/Sacem, 1992, p. 162).

17 *Procès de condamnation de Jeanne d'Arc*, volume I et II, texte, traduction et notes de Pierre Champion, Paris, Honoré Champion, 1920-1921.

vous, Honegger et moi, je vous soumettrai un vague projet de scénario, assez audacieux, je le crains, mais le sujet est horriblement difficile[18] !

Respectu[euseme]nt

P. Claudel

4. LETTRE DE PAUL CLAUDEL À IDA RUBINSTEIN

AMBASSADE DE FRANCE
EN BELGIQUE

29 nov[embre] 34

Chère madame

Ne vous mettez pas en peine pour le livre dont je vous avais parlé. Je crois que je puis m'en passer.

À bientôt et de tout cœur

P. Claudel

5. CARTE DE PAUL CLAUDEL À IDA RUBINSTEIN

AMBASSADE DE FRANCE
EN BELGIQUE

1er déc[embre] 34

Chère madame

Merci pour les 2 vol[umes] de Champion[19]. C'est un ouvrage merveilleux – Je vous arriverai lundi entre 2 et 3 h[eures] et vous apporterai la plus grande partie de *Jeanne d'Arc* – fort incertain que cela vous plaise… J'aurai en plus pas mal de choses à vous dire. Peut-être faudrait-il prévenir aussi Milhaud[20].

Respectu[eu]x hommages

P. Claudel

---

18 On connaît le refus initial exprimé par Claudel d'écrire une œuvre sur Jeanne d'Arc. On peut imaginer que les « idées » alors en tête sont déjà issues du geste de Jeanne sur son bûcher faisant le signe de la croix, offrant ainsi le point de vue recherché. Est-ce dans le train qui le ramenait à Bruxelles, vraisemblablement le soir du 25 novembre, que Claudel a vu s'esquisser ce geste qui a été le point de départ de l'inspiration ? Dans son journal, évoquant la mort de Philippe Berthelot, Claudel rapporte : « Hélène [Berthelot] m'affirme qu'elle l'a vu faire sur lui le signe de la croix » (Paul Claudel, *J* II, p. 74).

19 Sur le premier volume, Claudel a précisé : « donné par Ida Rubinstein, novembre 1934 » (voir *Catalogue de la Bibliothèque de Paul Claudel*, Besançon, Annales littéraires de l'Université de Besançon, 1979, p. 33).

20 Il s'agit du lundi 3 décembre 1934, ce qui confirme le rendez-vous évoqué dans la lettre 2. Le *Journal* précise : « 3 déc[embre]. Voyage à Paris. Ida Rubinstein. Honegger. *J[eanne] d'Arc*. Milhaud. » (*J* II, p. 74).

6. CARTE DE PAUL CLAUDEL À IDA RUBINSTEIN

AMBASSADE DE FRANCE
EN BELGIQUE

7 décembre 34

Chère madame

Je viens d'achever les deux dernières scènes de *Jeanne d'Arc au bûcher*, – je crois dans de bonnes conditions[21]. Je vous apporterai le M[anu]S[crit] complet (une trentaine de pages) le 13. Prévenez Honegger.

Je vais maintenant tâcher de compléter *Le Festin*[22].

De tout cœur
P. Cl.

7. LETTRE DE PAUL CLAUDEL À IDA RUBINSTEIN

AMBASSADE DE FRANCE
EN BELGIQUE

26 décembre 34

Chère Madame

Le M[anu]S[crit] de *Jeanne d'Arc au bûcher* dont vous avez été l'inspiratrice vous appartient et je vous le ferai remettre à Paris à la prochaine occasion sûre. Mais en raison des difficultés de lecture, il me semblerait préférable que vous m'envoyiez une des dactylographies que je corrigerais moi-même soigneusement et qui pourrait servir à d'autres copies.

Je me réjouis beaucoup de vous voir prochainement à Bruxelles, en même temps que Honegger et Milhaud. Il serait en effet utile que nous ayons un entretien.

Je serai absent de Bruxelles entre le 3 et le 7.

Je n'ai pas eu le plaisir de voir Madame de Régnié[23][sic] dont vous m'aviez annoncé la visite pour la semaine dernière.

---

21 Le manuscrit est en effet daté à la fin du 7 décembre, avant la signature de Claudel (voir section suivante sur les manuscrits et dactylographies du fonds Ida Rubinstein).

22 Le 9 décembre, Claudel écrit à Milhaud qu'il a « complètement refondu les trois dernières parties de *La Sagesse* » (*CPC* 3, p. 221-222). Aurait-il opéré cette refonte entre le 7 et le 9 ? Dès le 7 décembre, il écrit à son fils Henri : « J'ai aussi complété *La Parabole du Festin* pour Milhaud en y ajoutant des tapis roulants » (*Lettres à son fils Henri*, éd. Michel Malicet, Lausanne, L'Âge d'Homme, 1990, p. 124). On peut donc penser à un travail préalable. Claudel fera encore des corrections sur son texte de février à juillet 1935.

23 Pauline Régnié était alors la secrétaire d'Ida Rubinstein.

Veuillez agréer, chère Madame, avec mon meilleur souvenir et mes remerciements pour vos appréciations trop indulgentes[24], mes respectu[eu] x hommages

P. Claudel

8. CARTE DE PAUL CLAUDEL À IDA RUBINSTEIN

AMBASSADE DE FRANCE
    EN BELGIQUE

Br[u]x[elles] 9-1-35

Chère madame

Reçu votre télégramme et entendu pour Vendredi 11[25]. Voudriez-vous ce jour-là, vous, Honegger, Milhaud et votre secrétaire, me faire le plaisir de déjeuner à l'Ambassade ? Il y a un train qui arrive à midi ½. Nous causerions ensuite à loisir.

Tous mes vœux de nouvelle année ! et de tout cœur

P. Cl.

---

24   Ida Rubinstein avait écrit à Claudel, le 13 décembre : « Je suis confondue devant la poésie et la grandeur de ces deux œuvres, que vous voulez bien me confier. // Vous m'aurez donné ce que j'ai eu de plus beau dans ma vie. » (*Correspondance musicale, op. cit.*, p. 99).

25   Le *Journal* de Claudel ne garde pas de trace de cette rencontre. Une autre rencontre a lieu à la fin du mois. « 24-27 [janvier]. Ida Rubinstein à Bruxelles » (*J* II, p. 78). Le 26 janvier, elle donnait, en concert, au Palais des Beaux-Arts de Bruxelles, *Perséphone* de Gide et Stravinsky, *Sémiramis* de Valéry et Honegger, et *Diane de Poitiers* de Jacques Ibert sur un scénario d'Élisabeth de Gramont. Claudel, comme ambassadeur, assure le patronage de la manifestation. Il précise à sa fille Reine : « Ida Rubinstein vient de passer quelques jours ici. Elle est toujours enthousiaste de mes deux scénarios et je crois que je pourrai tirer d'elle une assez grosse somme. [...] j'ai beaucoup causé avec Honegger et Milhaud, tous deux très enthousiastes de leurs pièces. Ida Rubinstein dont on m'avait dit tant de mal m'a très agréablement surpris. Elle a des attitudes superbes et récite vraiment très bien avec un grand sens prosodique. Je vais la proposer pour Clytemnestre dans *Les Choéphores* (le 27 mars) et j'en espère beaucoup. » (Paul Claudel, *Lettres à sa fille Reine*, éd. Michel Malicet, Lausanne, L'Âge d'Homme, 1991, p. 115). Claudel note encore son nom dans son *Journal* à la date du 30 janvier (*J* II, p. 78).

9. LETTRE DE PAUL CLAUDEL À IDA RUBINSTEIN

AMBASSADE DE FRANCE
EN BELGIQUE

Bruxelles le 7/2/35

Chère madame

Je ne retrouve pas l'exemplaire de *Jeanne d'Arc* que vous m'aviez laissé, et j'en aurais cependant grand besoin. Ne pourriez-vous m'en envoyer un le plus tôt possible[26] ?

Je vous remercie d'avance et vous baise les mains

De tout cœur
P. Cl.

Je vois Hervé[27] le 12. Je serai à Paris pour 2 ou 3 jours le 17[28]

10. LETTRE DE PAUL CLAUDEL À PAULINE RÉGNIÉ

AMBASSADE DE FRANCE
EN BELGIQUE

Bruxelles le 9 février 1935

Chère Madame

Je réponds à la démarche que vous êtes venue faire auprès de moi il y a quelques jours de la part de Madame Ida Rubinstein.

D'après ce que j'ai appris de vous, M. Paul Valéry[29] avait demandé comme rémunération de son travail en tant qu'auteur du livret la même somme que l'auteur de la partition. Je ne puis que me conformer à ce précédent.

Or Mess[ieurs] Milhaud et, je crois, Honegger ont l'intention de demander chacun 50.000 francs.

Ce serait donc une somme de 100.000 francs que je demanderais pour les deux ouvrages que j'ai rédigés à la demande de Madame Rubinstein et dont je lui céderais l'entière propriété (publication, représentation, cinéma etc.)

---

26 Il s'agit vraisemblablement d'une dactylographie établie à partir du manuscrit sans doute déjà conservé par Ida Rubinstein.

27 L'acteur Jean Hervé, interprète d'Oreste dans *Les Choéphores*.

28 Dans son *Journal*, ce n'est qu'à la date du 20 février que Claudel mentionne un séjour à Paris de quelques jours où une mention « Ida Rub[instein] » (*J* II, p. 81) témoigne d'une rencontre.

29 Paul Valéry a écrit successivement *Amphion*, en 1929, et *Sémiramis*, en 1933, pour Ida Rubinstein, confiés tous deux pour la musique à Arthur Honegger.

D'autre part je me mets entièrement à la disposition de Madame Ida Rubinstein, dans la mesure où elle croirait avoir besoin de ma collaboration pour la mise en scène.

Agréez, Madame, mes bien dévoués hommages

P. Claudel

11. CARTE DE PAUL CLAUDEL À IDA RUBINSTEIN

AMBASSADE DE FRANCE
EN BELGIQUE

Br[u]x[elles] le 7 février [lapsus pour mars] 35

Chère madame

Le Directeur de la Monnaie demande si vous pourriez venir le 19[30] pour les répétitions ? Si vous pouviez rester à Br[u]x[elles] jusqu'à la représentation du 27[31] ce serait magnifique. Que pensez-vous du costume de l'<Enc. B.> ? De tout cœur

P. Cl.

12. LETTRE DE PAUL CLAUDEL À IDA RUBINSTEIN

AMBASSADE DE FRANCE
EN BELGIQUE

Bruxelles le 11 mars 35

Chère madame

Nous avons travaillé toute la semaine dernière aux costumes en nous aidant des documents abondants que nous avons trouvés ici. Le costume que j'aurais à vous proposer d'après une statue archaïque du Musée de Berlin est très impressionnant[32]. L'idée générale pour toute la mise en scène est de rester dans les deux tons de la céramique grecque or (ou ocre) et noir.

À la fin du drame je voudrais que Clytemnestre enveloppée entièrement d'un linceul apparût assise sur son trône dans la porte de son palais.

Madame Audrey Parr qui a réalisé tous les costumes avec moi sera à Paris 9 rue Boissy d'Anglas (Anjou 138) le 13[33]. Elle pourrait aller

---

30   Il s'agit du 19 mars : « Répét[ition] des *Choéph[ores]* à la Monnaie », note Claudel dans son *Journal* (J II, p. 85). Claudel se trompe de mois, comme on s'en rend compte à l'évocation des costumes et de la première représentation.

31   *Les Choéphores* sont données successivement les 27 et 28 mars 1935.

32   La correspondance avec Audrey Parr et le *Journal* n'apportent pas de précisions supplémentaires.

33   Voir les reproductions des dessins conservés de certains costumes dans Marie-Victoire Nantet, *Paul Claudel et Audrey Parr : le poète et la fée*, Montélimar, Bleulefit, 2015, p. 26-27.

vous voir, vous ou votre représentante le 14. Je serai moi-même à Paris (Hôtel Crillon) le 15 et le 16 (Je fais une conférence le 16 sur Verlaine au Centre Marcelin Berthelot). Je serai de retour à Bruxelles le 19[34].

Ce sera une grande joie pour moi de travailler avec vous. À bientôt ! Je vous baise les mains

P. Claudel

13. LETTRE D'IDA RUBINSTEIN À PAUL CLAUDEL[35]

7, Place des États-Unis
15 mars 1935

Cher Ambassadeur

Je suis rentrée hier soir d'Espagne et ai trouvé votre lettre. J'ai vu Madame Parr ce matin. Elle est charmante et j'ai *beaucoup aimé* ses costumes. Elle m'a chargée de mille choses pour vous et m'a dit qu'elle venait aussi à Bruxelles le 19.

– Je me réjouis *infiniment* de vous entendre demain, notre ami Honegger étant avec vous[36].

J'ai téléphoné au Crillon, mais vous n'y étiez pas, j'ai téléphoné à Bruxelles où on m'a donné votre adresse. Si vous aviez un moment à me donner avant votre départ, je serais si heureuse de pouvoir parler avec vous de Clytemnestre.

Croyez, je vous prie, cher Ambassadeur, à mes sentiments profondément admiratifs et de vraie sympathie.

Ida Rubinstein

---

34 « 15-19 [mars]. – Conférences à Paris et à Lyon, pour l'œuvre de la rééducation des diminués et l'École Paroissiale d'Ainay », précise Claudel dans son *Journal* (*J* II, p. 83). Le 19 correspond donc à une répétition des *Choéphores* (voir lettre précédente et lettre suivante).

35 La lettre est conservée avec son enveloppe adressée à « Son Excellence Monsieur Paul Claudel », sans adresse, ni timbre, et a donc vraisemblablement été déposée à l'Hôtel Crillon. On peut penser qu'elle a été transmise par Claudel à Audrey Parr, puis retrouvée tardivement dans le fonds d'archives de la famille Parr avant d'être confiée à la Société Paul Claudel.

36 Référence à la conférence sur Verlaine.

14. LETTRE DE PAUL CLAUDEL À IDA RUBINSTEIN

AMBASSADE DE FRANCE
EN BELGIQUE

Bruxelles le 3 avril 35

Chère amie

Depuis l'autre jour[37] mon imagination ne cesse de travailler sur ce que j'ai vu – et tout-à-coup j'ai pensé à cette admirable scène de *Cassandre* dans *Agamemnon* ! Je vous l'ai envoyée hier ! Quelles possibilités, et comme vous y seriez magnifique ! Je serais si heureux de la travailler avec vous, pour ma satisfaction personnelle. Les chœurs de cet admirable drame offrent aussi toute espèce de possibilités enivrantes que je serais heureux de vous expliquer quand je rentrerai à Paris.

Je crois que, maintenant que je suis à la retraite, je vais me faire professeur de mimique. J'ai des masses d'idées à ce sujet.

Merci encore ! tout le monde à Br[u]x[elles] est encore sous l'impression de ce spectacle formidable.

Je vous baise les mains

P. Claudel

15. LETTRE DE PAUL CLAUDEL À IDA RUBINSTEIN

AMBASSADE DE FRANCE
EN BELGIQUE

8 avril 35

Chère amie

Je suis tellement heureux que vous pensiez à Cassandre. Je crois que vous pourriez en faire quelque chose d'inoubliable. Je vous vois parfaitement, mâchant le laurier prophétique !

Je quitte Bruxelles le 5 mai et resterai tout le mois à Paris. Nous aurons donc le temps de nous voir à loisir.

Avez-vous reçu la dactylogr[aphie] définitive de la *Parabole du Festin* q[ue] je vous ai envoyée l'autre jour – en même temps qu'à Milhaud[38] ?

---

37 Vraisemblablement depuis les représentations des *Choéphores* à Bruxelles.
38 Plus qu'une dactylographie complète, il doit s'agir d'une reprise partielle de la 3ᵉ partie. Dans sa correspondance avec Milhaud, il en est question dans ses lettres du 24 février, 5 mars, 17 avril et encore le 20 juin (voir *CPC* 3, p. 223-226).

Les *B[eaux] Arts* ont publié une photo assez bonne de votre scène avec Hervé. Je vous l'enverrai[39].

De tout cœur

P. Cl.

16. DEUX CARTES POSTALES
(REPRÉSENTANT LA TOUR DE LA CATHÉDRALE D'UTRECHT)
DE PAUL CLAUDEL À IDA RUBINSTEIN

Utrecht – 15 avril [1935] – Chère amie. Je n'irai décidément pas à Paris avant le 9 mai. J'espère q[ue] v[ous] y serez. – Je viens de passer 2 jours délicieux en Hollande et j'aurais aimé q[ue] v[ous] y fûssiez [*sic*] avec moi, car je vous mêle maintenant à toutes mes pensées et projets. Cette H[eure] du mois d'avril est vraiment un rêve <de joie>. J'ai vu hier à Rotterdam un merveilleux musée de bateaux anciens et d'objets de l'Insulinde. Il y a là entre autres d'immenses chapeaux de Bornéo qui coifferaient admirablement la tête de *la Sagesse pèlerine* ! Il faut absolument q[ue] v[ous] veniez voir cela[40] !

P.

Je rêve aussi une espèce de mystère où v[ous] figureriez comme une longue vierge q[ue] j'ai vue ici à l'angle d'une maison, « à l'issue des voies[41] » regardant de deux côtés.

17. CARTE DE PAUL CLAUDEL À IDA RUBINSTEIN

Ambassade de France
En Belgique

28 avril 35

Chère madame – Comme vous l'apprendrez par la lettre ci-jointe la Monnaie en raison des frais renonce à reprendre *Les Choéphores* ! C'est un gros désappointement pour moi qui espérais vous rejoindre[42] – Par

---

39 Il s'agit d'un cliché de Delacre et Marin, paru dans la *Revue des Beaux-arts*, reproduit notamment dans René Ducoffre, *op. cit.*, p. 205.

40 On retrouve le même texte, en plus développé, adressé le même jour à Audrey Parr (*Lettres de Paul Claudel à Élisabeth Sainte-Marie Perrin et à Audrey Parr, Cahiers Paul Claudel* n° 13, (désormais *CPC* 13), Paris, Gallimard, 1990, p. 321). Le *Journal* décrit cette visite au Musée des Indes (*J* II, p. 87).

41 Traduction d'un extrait d'un verset de la Parabole du festin dans l'Évangile de Matthieu : « *Ite ergo ad exitus viarum, et quoscumque inveneritis, vocate ad nuptias.* » (22,9).

42 Grâce à la générosité d'Ida Rubinstein, l'œuvre sera reprise le 16 mai, Jean Marchat remplaçant Jean Hervé dans le rôle d'Oreste.

suite de nécessités administratives mon départ de Br[u]x[elles] est retardé d'un mois, mais je pense aller auparavant à Paris. Vous y trouverez-vous vous-même entre le 12 et le 15[43] ?

Agréez, je vous prie, mes respect[ueu]x hommages

P. Claudel

18. TÉLÉGRAMME DU 7 MAI 1935 DE PAUL CLAUDEL
À IDA RUBINSTEIN

Bruxelles
Viendrai vous voir demain vers deux heures
Beaucoup de choses à vous dire[44]
Amitiés Claudel

19. LETTRE D'AUDREY PARR À PAULINE RÉGNIÉ

Paris le 7 Juin [1935]

28, South Audley Street
W. 1.

Madame,

Vous savez avec quelle joie et quel enthousiasme je travaille pour madame Ida Rubinstein[45] et combien je suis heureuse de mettre à sa disposition tout ce que je puis avoir sinon de talent au moins de bonne volonté, mais pour répondre autant que je pourrai à ce qu'elle peut attendre de moi je suis obligée à des déplacements fréquents qui finiraient par être très onéreux pour ma bourse un peu légère.

Je vous avoue très simplement que les choses me seraient grandement facilitées si madame Ida Rubinstein pouvait mettre à ma disposition une petite provision qui me permettrait de faire face à toutes les nécessités de la situation.

Veuillez Madame recevoir l'assurance de mes meilleurs sentiments

Audrey Parr

---

43 Le nom d'Ida Rubinstein apparaît dès le 6 mai, alors que Claudel est rentré à Bruxelles après l'enterrement de sa sœur Louise (*J* II, p. 90).

44 « 8-10 [mai]. Paris. Ida Rubinstein. Mimique pour les 2 pièces. Milhaud nous joue les 2 1res parties de la *Sagesse*. Magnifique. » (*J* II, p. 91).

45 Claudel précise, début juin : « Causeries tous les jours avec Marg[otine] et I[da] R[ubinstein] » (*J* II, p. 94).

20. LETTRE DACTYLOGRAPHIÉE
D'AUDREY PARR À PAULINE RÉGNIÉ

28, South Audley Street

Le 14 Juin 1935.

Madame,

Je vous remercie de votre lettre du 13, que je viens de recevoir. Je suis obligée de venir à Paris de toute façon et pour mes affaires personnelles ce Mardi[46]. Je suis aussi obligée de me trouver à Londres le 24 pour être un Juré au Palais de Justice de Londres. Voici pourquoi j'aurais aimé voir les projections la semaine prochaine d'autant plus que je fais fermer l'appartement de mon frère et on est toujours mieux chez soi que même chez les amis que l'on préfère. Je pourrais rester à Paris jusqu'au 23 au soir si les projections pouvaient avoir lieu pendant ces jours.

Comme je déteste discuter tout ce qui est matériel j'aimerais si cela est nécessaire que vous parliez de tout cela avec mon ami Monsieur Claudel quand vous aurez l'occasion de le voir.

Je serais enchantée néanmoins de faire votre connaissance et en attendant vous prie de croire, Madame, à l'expression de mes meilleurs sentiments,

Audrey Parr

21. DEUX CARTES D'AUDREY PARR À IDA RUBINSTEIN

Le 18 [juin 1935]

28, South Audley Street

Très chère amie,

J'ai pu avec quelques parjures ! me défiler de devoir être un juré le 24 et le bal Beaumont devant aussi être <remis> j'ai décidé d'aller à Paris le 29 – et de rentrer ici le 4 –

Est-ce qu'à cette date les projections pourront se faire ? J'ai trouvé un très beau costume pour Sagesse – dans les noirs et ors – et des reines pour le jeu de cartes[47].

Je trouve le National Gallery peut-être encore plus utile que l'Art <Italien> à Paris et n'ai pas encore affronté les manuscrits du British Museum qui sont pleins de merveilles.

---

46 C'est-à-dire le 18 juin.
47 La scène du jeu de cartes renvoie à *Jeanne d'Arc au bûcher* dont Audrey Parr réalise également les costumes et le décor (voir Marie-Victoire Nantet, *op. cit.*, p. 28-29).

Je suis triste à la pensée que je ne vous verrai que le 29. Mais j'aurai de vos nouvelles par Milhaud qui viendra passer quelques jours le 24 chez moi.

Je pense à vous –
et vous envoie beaucoup d'affection

Audrey

22. LETTRE DE PAUL CLAUDEL À IDA RUBINSTEIN

[19 ? juin 1935]
CHÂTEAU DE BRANGUES

[*Une photo, découpée d'un journal, est collée au-dessous de l'en-tête, avec cette légende : « Une photographie prise pendant l'explosion de l'usine de Reinsdorf ». Claudel a barré ces derniers mots et les a remplacés par « des Claudel Brainworks », à l'encre rouge.*]

Chère Ida

La photo ci-jointe vous donnera une idée de l'état actuel de ma cervelle ! Il faut combiner la chorégraphie, la musique, les costumes, tout cela avec l'imagination. Jamais je n'ai été mis à pareille torture ! – Enfin cela a l'air de se débrouiller un petit peu. Le commencement (une page et demie) a l'air d'aller maintenant à peu près. Je vous écrirai dès que cette terrible 3e Partie aura pris forme, j'espère d'ici à la fin de la semaine, car j'aimerais vous la soumettre. La campagne est merveilleuse en ce moment, un véritable paradis ! comment peut-on vivre dans les villes ? Amitiés à Margotine[48] si elle est là

De tout cœur
P. Cl.

23. LETTRE DE PAUL CLAUDEL À IDA RUBINSTEIN

CHÂTEAU DE BRANGUES
20 juin 35

Chère Ida
Avez-vous reçu le petit mot que je vous ai envoyé hier[49] ?

---

48 Surnom bien connu d'Audrey Parr.
49 Ce « petit mot » pourrait-être la lettre non datée reproduite ci-dessus.

J'ai fini mon travail pour la 1e scène et j'en suis content[50]. J'ai pensé à vous tout le temps et j'ai essayé de tirer parti de toutes vos magnifiques possibilités. J'ai hâte de vous en parler.

Pourriez-vous venir *le plus tôt possible* avec Margotine ? Il faudrait q[ue] vous Milhaud elle et moi n[ous] tenions un petit conseil de guerre préliminaire. En même temps vous verriez les possibilités d'Aix-les-bains[51] –

À partir du 1er juillet la maison sera remplie de famille et ce sera beaucoup moins commode pour travailler.

J'ai envoyé le M[anu]S[crit] à Milhaud à tout hasard à Aix mais y est-il ? ? J'aurais grand besoin de le voir. Son rôle sera très difficile[52].

Je vous baise les mains

P. Cl.

Bien soulagé !

24. LETTRE DE PAUL CLAUDEL À IDA RUBINSTEIN

CHÂTEAU DE BRANGUES

25 juin 35

Chère amie

Je suis bien content que mon travail vous ait agréé. Milhaud me dit que je n'ai guère de chance de vous voir tous avant la fin de juillet. C'est un peu ennuyeux, car il y a un tas d'attitudes, de gestes et de détails que j'ai inventés et que je pourrais bien avoir oubliés d'ici là. Je vois toujours votre costume de la 3e partie rayé noir et or (la guêpe) une sorte de turban avec deux longues antennes brillantes, la jupe formée de longs pétales plats recourbés par le bas et deux espèces d'ailes transparentes entre les bras et le corps. Pour les Servantes même tonalité noire et jaune, mais je ne suis pas encore décidé pour les costumes. Le tapis également noir et jaune. Les Servantes porteraient toutes un van

---

50 Le même jour, Claudel précise à Milhaud : « Voici la 1re scène de la 3e partie que j'ai refaite. Dramatiquement et chorégraphiquement j'en suis content. » (*CPC* 3, p. 225).

51 On retrouve le même projet dans les lettres à Milhaud et à Audrey Parr (*CPC* 13, p. 326) envoyées le même jour. Ce rendez-vous prendra du retard, Audrey Parr devant se faire opérer le 25 juillet 1935. Aix-les-Bains aurait vraisemblablement pu servir de lieu de répétition.

52 Une lettre de Milhaud à Ida Rubinstein révèle qu'il était en fait à Paris, mais le courrier a suivi. La lettre suivante de Claudel montre son accord : « Je suis heureux que le texte que je vous ai envoyé vous agrée. Il m'a donné énormément de difficultés et je me rends bien compte des obstacles qu'il présente pour vous, mais je n'ai pu faire mieux. Je crois comme vous que plus il y aura de musique et moins de parlé, mieux cela vaudra. » (*CPC* 3, p. 226).

dans le dos, dont elles se serviraient à la fin. Quant à vous je crois que je vous verrais plutôt vous servant d'un fouet[53].

25. LETTRE DE PAUL CLAUDEL À IDA RUBINSTEIN

CHÂTEAU DE BRANGUES
Le 8 juillet 35

Chère amie

Je viens de recevoir une longue lettre de Audrey Parr, dont les nouvelles ne sont pas bonnes[54]. Elle me dit qu'elle aura à subir assez prochainement une opération plutôt sérieuse. Cela me gêne considérablement, car j'ai l'habitude depuis de longues années de travailler avec elle pour toutes mes réalisations plastiques. Elle est comme un prolongement de moi-même et remplace au bout de mon bras cette main que la nature ne m'a pas accordée. J'ai bien des idées, mais je suis souvent arrêté par un détail pratique, parfois insignifiant. Ou bien un croquis, une suggestion d'Audrey, met mon imagination en mouvement. Je peux dire qu'à ce point de vue elle m'est indispensable.

Au moins je voudrais que nous profitions de ces derniers jours de juillet pour tenir conseil, vous, elle, Milhaud et moi, et pour arrêter au moins d'une manière générale les costumes de *La Sagesse*. Car je voudrais que tout le drame ait une forte unité et la chorégraphie me paraît impossible à régler sans avoir les costumes présents à l'esprit. Il faut qu'ils collent à la peau, à la personnalité de l'interprète – Les décors pour moi sont beaucoup moins importants. Il me suffit qu'ils donnent un fond harmonieux et qu'ils offrent les commodités nécessaires pour l'action à laquelle ils doivent être étroitement subordonnés. Ce n'est pas l'interprète qui doit s'arranger avec le décor, c'est l'interprète elle-même *qui crée le décor*, le décor n'est que le prolongement de sa personnalité, de son mouvement, et, pour tout dire, de son rôle. C'est là une idée un peu empruntée à Mallarmé. La danseuse doit tout créer, son costume, les comparses, et le lieu même où elle déploie son action[55].

---

53   Les dessins d'Audrey Parr (Marie-Victoire Nantet, *op. cit.*, p. 30-33) permettent de retrouver, en partie, ces projets. Claudel détaille davantage le projet de réalisation scénique dans une lettre à Milhaud (*CPC* 3, p. 226).

54   On ne possède pas cette lettre, mais Claudel répond à Audrey Parr le 7 juillet à la suite de la réception de la lettre (*CPC* 13, p. 327-329).

55   Claudel témoigne en effet ici d'une filiation avec les problématiques théâtrales qu'avait développées le symbolisme. On pense en particulier à la formule de Pierre Quillard avec laquelle Claudel paraît jouer : « La parole crée le décor comme le reste » (« De l'inutilité absolue de la mise en scène exacte », *La Revue d'art dramatique*, 1er mai 1991, p. 181).

Il est bien évident que ni moi ni Margotine n'avons le talent nécessaire pour établir un décor dans tout son détail. Nous pouvons au plus fournir un croquis, une idée générale. Mais ce qu'il y a à craindre, c'est que si nous nous adressons à un artiste coté il ne verra que lui-même et ses propres possibilités, et nous aurons soit à le refouler péniblement, soit à introduire un élément intéressant, mais dissonant, dans une œuvre qui, comme je la comprends, doit être tout entière l'émanation d'une personnalité unique : vous.

J'avoue donc que je préférerais m'adresser à un artiste moins connu, mais souple, docile et prompt. Nous recauserons de tout cela[56].

Pour *Jeanne d'Arc* en tous cas il n'y aurait pas de difficulté sérieuse.

Dites-moi si je puis espérer vous voir tous quatre – ou tous cinq en y ajoutant Honegger – avant la fin du mois, par exemple à Aix-les-bains. Vous feriez en même temps connaissance avec le pays, qui est magnifique en ce moment, et prendriez éventuellement des dispositions[57].

J'attends donc un mot de vous et vous prie de croire en attendant à mes sentiments bien respectueusement et affectu[euse]ment dévoués

P. Claudel

J'aimerais que vous lisiez dans *L'Oiseau noir dans le Soleil levant* (NRF) les pages que j'ai consacrées à la danse japonaise spécialement au Nô (rôle de la manche et de l'éventail[58]). Il y a aussi des choses très intéres-

---

Quant à Mallarmé, à propos de Loïe Fuller, il précise : « L'enchanteresse fait l'ambiance, la tire de soi et l'y rentre, par un silence palpité de crêpes de Chine. Tout à l'heure va disparaître comme dans ce cas une imbécillité, la traditionnelle plantation de décors permanents ou stables en opposition avec la mobilité chorégraphique. Châssis opaques, carton cette intrusion, au rancart : voici rendue au Ballet l'atmosphère ou rien, visions sitôt éparses que sues, leur évocation limpide. La scène libre, au gré de fictions, exhalée du jeu d'un voile avec attitudes et gestes, devient le très pur résultat. » (« Crayonné au théâtre », *Divagations, Œuvres complètes*, éd. Bertrand Marchal, tome II, Paris, Gallimard, « Bibliothèque de la Pléiade », 2003, p. 176).

56   Cette lettre reprend les éléments présentés la veille à Audrey Parr. « Au fond je ne tiens vraiment qu'aux costumes. Le décor m'est à peu près indifférent. Il me fournit simplement un fond et des possibilités de mouvement. Mon idée n'est pas picturale, mais dramatique. J'espère arriver à convaincre la patronne. » (*CPC* 13, p. 329). Le problème était alors de trouver un exécutant pour le décor. Ida Rubinstein avait l'habitude de travailler avec Alexandre Benois qui avait un rôle de metteur en scène plus que de simple décorateur. Or, ni Claudel, ni Audrey Parr n'avaient la possibilité d'assumer une telle tâche. Au-delà de considérations artistiques, c'est l'organisation des représentations qui était en jeu, avec le risque de s'engager dans une impasse.

57   À cause de l'opération subie par Audrey Parr, le rendez-vous, finalement à trois, se fera à Brangues : « Samedi 27 [juillet]. Convers[ation] avec D[arius] M[ilhaud] et I[da] R[ubinstein]. 3ᵉ partie de la *S[agesse]* » (*J* II, p. 101).

58   Voir Paul Claudel, *Pr.*, p. 1173-1176.

santes dans un volume de Stéphane Mallarmé que je vous recommande (*Divagations*, Charpentier). C'est là qu'il y a cette phrase délicieuse sur une actrice qui tient un rôle d'oiseau : « des deux doigts chiffonnant sa robe de gaze, elle simulait une impatience de plumes vers l'idée[59] ». J'aimerais aussi que vous lisiez le plus beau des Nô japonais, *Hagouromô*, ou *La Robe de plumes*. Il y en a plusieurs versions, malheureusement je ne me rappelle pas le nom des recueils. Celui de Noël Péri, je crois, ne le contient pas, mais vous pourriez vous renseigner auprès de mon ami le général Renondeau, Attaché Militaire à Berlin, qui est un grand spécialiste dans la question[60].

De tout cœur

P. Cl.

26. LETTRE DE PAUL CLAUDEL À IDA RUBINSTEIN

CHÂTEAU DE BRANGUES
9 juillet 35

Chère amie

Ci-joint une copie, faite par un amateur, ma fille (ça se voit) de la 1e scène de la 3e Partie[61]. Cela vous permettra de la regarder et d'y réfléchir. À bientôt ?

De tout cœur

P. Cl.

---

59   Claudel cite de mémoire : « l'émerveillante Mlle Mauri résume le sujet par sa divination mêlée d'animalité trouble et pure à tous propos désignant les allusions non mises au point, ainsi qu'avant un pas elle invite, avec deux doigts, un pli frémissant de sa jupe et simule une impatience de plumes vers l'idée. » (« Crayonné au théâtre », *op. cit.*, p. 172-173).

60   Plus tard, Claudel présentera *La Sagesse* comme « Un essai d'adaptation du nô japonais » (*Th.* II, p. 1368-1376). La référence japonaise ne s'est donc imposée, de manière explicite, que tardivement. Ayako Nishino a mis en rapport *La Sagesse* avec le nô *Hagoromo* (*Paul Claudel, le nô et la synthèse des arts*, Paris, Garnier, 2013, p. 633-638). En réalité, c'est dans Michel Revon, *Anthologie de la littérature japonaise*, Paris, Delagrave, 1910, que se trouve la traduction de ce nô, également accessible en anglais dans l'ouvrage d'Arthur Waley que Claudel connaissait, *The Nô Plays of Japan : An Anthology*, New York, Alfred A. Knopf, 1922.

61   Le 25 juin, Claudel écrit à sa fille Reine : « Malheureusement tu n'es plus là pour taper et je suis obligé de tout recopier moi-même, ta sœur [Renée] manquant de talent. » (*Lettres à Reine*, *op. cit.*, p. 136. On ne retrouve pas cet état du texte dans les archives d'Ida Rubinstein (voir la section suivante).

27. LETTRE DE PAUL CLAUDEL À IDA RUBINSTEIN

CHÂTEAU DE BRANGUES
Le 12 juillet 35

Chère amie

J'ai bien reçu votre t[é]l[é]gramme et je me réjouis infiniment de vous revoir[62]. J'espère qu'Audrey Parr sera en état de vous accompagner, car j'ai grand besoin de ses conseils et de son crayon. Ici la nature est dans un épanouissement merveilleux. – Je vous montrerai des albums japonais de toute beauté[63].

Je fais des vœux pour le rétablissement de votre amie[64].

De tout cœur
P. Cl.

28. LETTRE DE PAUL CLAUDEL À IDA RUBINSTEIN

CHÂTEAU DE BRANGUES
Le 15 juillet 35

Chère madame

Comme je v[ous] l'ai écrit, notre ami M[ilhaud] est en plein feu de la composition, et je ne doute pas qu'il ne vienne promptement à bout de la Quatrième Partie, dont nos conversations m'ont montré qu'il a pris une parfaite possession. En attendant q[uel]q[ues] jours, v[ous] pourriez donc entendre les deux parties à la fois et vous rendre compte ainsi de l'ensemble de l'œuvre. Nous pourrions ensuite nous rencontrer à Brangues où je me ferais naturellement le plus grand plaisir de vous recevoir[65] et de vous montrer le fâmeux [sic] château de fées (hélas, un peu délabré[66] !)

---

62 Il s'agit de la programmation d'une rencontre, repoussée au 27 juillet à Brangues.

63 Le 25 juillet, Claudel écrit à Audrey Parr, depuis Brangues : « J'ai trouvé ici toute une série d'albums japonais simplement estapafourdissants : des costumes de nôs inouïs : On peut y puiser à pleines mains. » (*CPC* 13, p. 331).

64 La formulation renvoie à Audrey Parr. Elle force le lien d'amitié afin de dépasser les tensions dont Audrey Parr l'avisait dans ses lettres.

65 La correspondance avec Milhaud permet de suivre l'organisation de la rencontre ; le 23 juillet, Claudel lui écrit : « Ida me dit qu'elle viendra ici samedi 27. Il faudrait donc si possible que vous veniez la veille pour que nous ayons le temps de causer. » (*CPC* 3, p. 229).

66 Il s'agit du château de Marteray que Claudel évoquera par la suite comme susceptible d'accueillir Ida Rubinstein pour travailler à la réalisation scénique de *La Sagesse* et de *Jeanne d'Arc au bûcher*.

Je vais à Paris le 18 et y resterai jusqu'au 20[67]. Si vous y êtes vous-même je me ferai un grand plaisir d'aller vous voir. Ma femme et moi descendrons à l'Hôtel Majestic.

Veuillez agréer, chère amie, mes bien sincères et affectueux hommages.

P. Claudel

29. CARTE POSTALE (REPRÉSENTANT UN SOUS-BOIS DU MONT VENTOUX) DE PAUL CLAUDEL À IDA RUBINSTEIN

18/7 [1935]

Souvenir du Mont Ventoux, d'où l'on domine un panorama merveilleux de montagnes et d'idées[68]. À bientôt n'est-ce pas ?

P. Cl.

Les relations entre Audrey Parr et Ida Rubinstein sont alors tendues. Le 22 juillet, Claudel explique la situation à Darius Milhaud : « M[argotine] se plaint beaucoup d'Ida qui ne veut pas lâcher d'argent et la laisse tomber. Je ne sais que penser. Croyez-vous qu'Ida soit femme à manquer à ses promesses ? […] J'ai l'impression que c'est trop difficile et que ça ne marchera pas. Il y a des moments où je regrette de m'être engagé dans une entreprise si difficile et si nouvelle pour moi et j'ai envie de tout envoyer promener. » (CPC 3, p. 228). La rencontre du 27 juillet à Brangues permet, malgré l'absence d'Audrey Parr, d'affermir le projet.

30. LETTRE DACTYLOGRAPHIÉE (AVEC CORRECTIONS MANUSCRITES) DE PAUL CLAUDEL À IDA RUBINSTEIN

CHÂTEAU DE BRANGUES
Le 2 août 1935

Chère amie

Je m'excuse de ne pas vous écrire moi-même, mais j'ai la main un peu fatiguée, et j'emploie celle de ma fille[69].

---

67   Le *Journal* ne garde pas de trace de ce déplacement qui semble avoir été annulé.

68   Dans son *Journal*, on trouve cette précision : « 17-18 [juillet]. En auto avec Henri. Le Mont Ventoux par Montélimar et Grignan. Au sommet dans la brume. L'hôtel dans la forêt et puis Camille à Mondevergue, Avignon, l'épicerie Chabas. Retour par une chaleur atroce. » (*J* II, p. 99).

69   Vraisemblablement Reine qui était alors à Brangues.

J'ai trouvé le Château rêvé ! Il s'appelle le château du Martret [*sic* pour Marteray] à trois kilomètres de Morestel et sept kilomètres de Brangues. C'est une merveille !

C'est une grande construction du dix-septième siècle, pas très remarquable à l'extérieur, mais dominant un paysage incomparable, plus beau que celui de Brangues.

Il est entouré d'énormes marronniers centenaires. Dans la cour une belle fontaine qui ne tarit jamais. L'eau dans la cuisine et dans la salle à manger. L'électricité dans la cuisine. Double terrasse dominant le paysage. Tout autour de grands bois et une ferme. Pas de voisins. Parc de six hectares enclos de murs. Grand potager.

L'Ancien propriétaire était un vieux gentilhomme qui ne voulait faire aucune modification dans le château, de sorte qu'il a gardé un cachet énorme. Les papiers (ravissants) datent du commencement du dix-neuvième siècle.

On entre d'abord dans un énorme hall avec double escalier d'une hauteur de douze mètres, très grand et très large, bordé d'arcades. On dirait absolument un théâtre.

La porte centrale s'ouvre sur un salon magnifique également de douze mètres de haut (deux étages) orné de magnifiques moulures. Plafond en peinture du dix-septième siècle. Au milieu un magnifique lustre en verre de Venise.

À droite et à gauche les chambres ravissantes dont je vous parlais avec les parquets en point de Hongrie.

La salle à manger n'est pas très grande mais elle est ornée d'une délicieuse fontaine de marbre (mascaron et vasque) avec eau courante.

La cuisine voûtée, de caractère féodal, ressemblant beaucoup à celle de Grammont.

Les pièces du haut sont moins habitables, mais aussi très jolies et avec une vue merveilleuse.

Le château est occupé actuellement jusqu'au trois septembre par une colonie de vacances de jeunes filles qui l'ont passablement nettoyé. Leurs lits restent au château et pourraient être au besoin utilisés par les danseurs et danseuses dont vous auriez besoin.

La location au mois ne présente aucune difficulté. (Je crois d'ailleurs que tout le bâtiment serait vendu pour un morceau de pain.)

Les inconvénients sont :

1/ Pas d'électricité 2/ L'eau comme indiquée plus-haut 3/ Pas de meubles 4/ Un grand nettoyage nécessaire.

Seulement vous m'avez dit que vous aviez l'habitude des campements et ce vieux château est tout de même beaucoup plus confortable que la forêt vierge et les neiges polaires[70].

J'en ai été absolument émerveillé, et sa position près de Brangues, rendrait facile la collaboration continuelle qui serait nécessaire entre nous.

Je désirerais infiniment que vous veniez le voir.

Je suppose qu'il ne serait pas impossible de se procurer les meubles indispensables en location à Lyon ou à Paris ?

En tous cas il n'y a rien d'autre en fait de maison meublée dans les environs, et le château de Martret [sic] formerait un « camp de travail » incomparable. Pourquoi ne ferait-on pas pour l'art ce que font couramment les boxeurs ?

Répondez-moi vite.

Merci, chère amie, pour les renseignements que vous me donnez sur Margotine. Ils nous ont fait grand plaisir. Et nous espérons qu'elle sera bientôt sur pied[71].

Sur le désir de Milhaud j'ai quelque peu retravaillé la quatrième partie de la Sagesse et établi la position générale pour les costumes et les décors[72]. J'ai hâte de vous voir pour vous exposer mes idées et vous demander votre avis. Je crois que ce sera très beau.

Naturellement si vous veniez voir le château de Martret [sic], Brangues est à votre disposition pour y coucher, bien que nous soyons un peu intimidés à l'idée de vous offrir notre modeste hospitalité.

Je suis très heureux de ce que vous me dites de Honegger. Je suis sûr que sa musique sera très bien[73]. Je suis plongé en ce moment dans les actes authentiques du procès de Jeanne d'Arc. C'est effrayant, à faire

---

70 On sait qu'Ida Rubinstein aimait les excursions au sein des contrées les plus reculées et les plus sauvages.

71 Le 6 août, Claudel écrit à Audrey Parr : « Je suppose que v[ous] voyez souvent Ida qui a retrouvé pour vous toute sa vieille affection. Je lui ai expliqué la situation et lui ait dit que v[ous] n'aviez jamais eu l'intention de faire les décors, mais q[ue] j'avais absolument besoin de vous pour réaliser mes idées et je crois qu'elle a compris. Je crois que le mieux serait d'abandonner *Jeanne d'Arc* au peintre connu qui là-dessus pourra se déchaîner comme il voudra et de n[ous] réserver pour la *Sagesse*, qui est à mes yeux, le plus important et où j'espère rester maître du terrain, qui est hors de la compétence de Messieurs les artistes. » (*CPC* 13, p. 331-332).

72 Le 1er août, Claudel écrit à Milhaud : « Je viens de terminer la révision de la 1re partie du 4e acte de la *Sagesse*. Je crois que vous serez content. » (*CPC* 3, p. 229).

73 Honegger avance alors dans la composition de la version piano-chant, achevée le 30 août.

dresser les cheveux sur la tête ! Les juges de Jeanne d'Arc n'étaient pas seulement des bêtes mais des monstres[74] !

Je suis heureux du contact que vous avez pris avec l'Abbé Crampon. En dehors du Livre de la Sagesse, je vous conseillerais de lire le chapitre VIII du Livre des Proverbes et de feuilleter l'Ecclésiastique[75].
À bientôt !
[Ajout manuscrit :] Je vous baise les mains et j'ai grand désir de vous revoir. J'espère de tout cœur que votre malade va mieux[76].
P. Claudel

Je vous quitte pour assister au baptême du jeune Philippe[77] !

31. LETTRE DE PAUL CLAUDEL À IDA RUBINSTEIN

CHÂTEAU DE BRANGUES
Le 12 août 1935
Chère amie
Je suis allé hier à Aix-en-Provence chez Milhaud pour entendre la 3e partie du *Festin* qu'il venait de terminer[78]. Elle est tout à fait belle et entièrement digne des deux premières. J'étais un peu inquiet à cause des grandes difficultés du texte et de la mise en scène. M[ilhaud] s'en est admirablement tiré. Durant ces 24 minutes que dure l'acte, (avec l'interlude) il n'y a pas un moment de stagnation ou de monotonie. Tout change, tout est en mouvement continuel. La cantilène du début s'accélère

---

74 Claudel fait référence à la scène IV de *Jeanne d'Arc au bûcher*, « Jeanne livrée aux bêtes ».
75 On trouve au dos de la dactylographie du début de la 3e partie de *La Sagesse*, vraisemblablement envoyée avec la lettre du 9 juillet, une indication au crayon de la main de Claudel qui portait ces indications dont Ida Rubinstein aurait déjà tiré profit : « Bible de Crampon / Desclée Brouwer / rue des St Pères / La Sagesse / L'Ecclésiastique ». Claudel a raconté que, le soir du 25 décembre 1886, il a lu dans une Bible le chapitre VIII des Proverbes ayant pour figure centrale la Sagesse. Ida Rubinstein s'acheminait alors vers la conversion, et il était difficile, pour Claudel, de ne pas faire le lien avec le sujet de l'œuvre qu'il avait écrite pour elle. Le 10 juin 1935, il écrivait à Audrey Parr : « Hier Pentecôte Chartres – Messe – Vêpres. Ida édifiante. » (*CPC* 13, p. 323). L'Ecclésiastique a offert à Claudel des formules marquantes dont il a fait un large usage, notamment 18,1 : « *creavit omnia simul* » ou 32,5 : « *non impedias musicam* ».
76 Voir note 64 sur le sens implicite de cette formule.
77 Philippe Paris, fils de Reine Claudel et de Jacques Paris, né le 16 février.
78 Le *Journal* n'évoque pas cette visite, mais Claudel écrit à Milhaud le 13 août : « J'ai été bien content d'entendre votre magnifique musique. Maintenant il me semble que je vois l'ensemble d'un seul coup d'œil. […] J'ai écrit tout cela à Ida et j'en ai reçu ce matin un de ces télégrammes effervescents dont elle a le secret. » (*CPC* 3, p. 230).

et s'entrecoupe progressivement pour devenir la sauterie du final. Mais même à ce moment, et cela me plaît beaucoup, la musique, tout en étant violente et rythmée, garde beaucoup de dignité et de noblesse. Jamais elle ne tombe dans les vulgarités de la kermesse. Un autre mérite de la partition est l'art avec lequel M[ilhaud] a entrecroisé la musique et les lignes parlées. Loin de se nuire les deux tonalités se prêtent concours et l'effet est saisissant. Quant aux possibilités chorégraphiques, je crois que vous serez contente. Je vois maintenant toute la mise en scène avec une parfaite clarté. Il y a fusion étroite des rythmes, des évolutions et des mouvements, jusqu'au crescendo de la fin. C'est un beau et grand résultat, mais que d'efforts et de travail pour l'obtenir – et que de travail et d'efforts encore devant nous pour le réaliser scéniquement !

Je voulais en même temps m'entendre avec M[ilhaud] pour la 4ᵉ Partie (Je suppose que vous avez reçu ma nouvelle version du commencement de cette Partie et qu'elle vous convient[79] ?). Nous avons tout éclairci et arrêté ensemble, v[ous] savez d'ailleurs en quelle unité d'esprit n[ous] travaillons.

M[ilhaud] est en pleine flamme créatrice et je crois que le 4ᵉ Acte sera bientôt achevé, certainement avant la fin du mois. Je me suis attaché à simplifier la mise en scène pour obtenir la continuité des différentes scènes qui est un élément du drame nécessaire. Il ne faut pas q[ue] le public ait le temps de réfléchir et de respirer, mais qu'il soit entraîné comme par un torrent. Pour la robe de la fin v[ous] avez vu que je prévois simplement une grande pièce d'étoffe d'argent, ce sera à vous d'en faire ce q[ue] v[ous] voudrez. Que dites-vous aussi de l'idée de la couronne étincelante et formidable qui apparaît au-dessus de vous dans le ciel[80] ?

Vous ne m'avez pas répondu au sujet du château de Marteray. Évidemment cela comporte des difficultés de réalisation énormes et je comprends très bien que vous en soyez effrayée. Mon imagination et la séduction qu'avait exercée sur moi ce merveilleux bâtiment m'avaient fait perdre de vue le côté pratique. N'en parlons donc plus !

Mais alors cela remet au 15 octobre[81] le commencement des études et nous n'aurons pas le bénéfice du recueillement, de la paix et de

---

79   Une lettre à Milhaud du 1ᵉʳ août précise qu'il vient de terminer cette nouvelle version du début de la quatrième partie. L'envoi de la dactylographie a pu être fait avec la lettre précédente. Les archives d'Ida Rubinstein contiennent cette dactylographie (voir section suivante).

80   Voir les didascalies dans *Th.* II, 2011, p. 643.

81   Il s'agit de la date programmée de son retour à Paris. Claudel était alors à la recherche d'un logement sur Paris. L'appartement trouvé une semaine plus tard, 11 bis rue Jean

l'influence grandiose de cette campagne si belle dans les premiers jours d'automne… C'était un beau rêve, mais je ne veux pas votre mort et évidemment le confort de cette grande baraque est <mince> ! !

Je vais à Paris le 18 pour m'occuper avec ma femme de la question d'un appartement, y serez-vous à ce moment ? Si oui j'irais vous voir et nous pourrions prendre quelques dispositions[82].

Je vous baise les mains

P. Claudel

32. LETTRE DE PAUL CLAUDEL À IDA RUBINSTEIN

CHÂTEAU DE BRANGUES
Le 12 octobre 35

Chère amie

J'ai été content de recevoir ce matin signe de vous et de vous savoir heureusement revenue de ce long voyage.

J'étais bien sûr que vous seriez enthousiasmée de la musique de Milhaud. Je n'ai pas entendu la quatrième partie, mais je suis sûr que, si elle est digne des trois premières, ce sera quelque chose de grandiose.

De mon côté j'ai beaucoup travaillé avec Madame Parr qui a tant de goût et qui me comprend si bien aux costumes et aux décors de *La Sagesse*[83]. Tout est terminé jusque dans le détail, à l'exception de deux ou trois choses. J'espère que vous en serez contente. Je me suis beaucoup inspiré de la magnifique documentation japonaise que je vous ai montrée. Cela déconcertera beaucoup de gens, mais il fallait à tout prix sortir des vagues habillages dont en général on affuble les personnages symboliques. Pour les décors, comme je vous l'ai expliqué, je n'ai pas cherché le pittoresque, mais une étroite adaptation à l'idée : ce n'est pas la Sagesse qui se meut dans un paysage, c'est elle qui en se mouvant

---

Goujon, ne sera finalement pas prêt avant début novembre (voir lettre suivante).

82 Claudel mentionne en effet le nom d'Ida Rubinstein dans son *Journal* lors de ce séjour, mais c'est pour préciser qu'elle « part le 22 [août] pour Java. » (*J* II, p. 105).

83 Audrey Parr était venue à Brangues pour travailler avec Claudel à la fin du mois de septembre (voir lettre à Milhaud du 30 septembre, *CPC* 3, p. 231). Claudel est toujours soucieux de faire la louange d'Audrey Parr auprès d'Ida Rubinstein, cherchant à aplanir les tensions entre les deux femmes. Le même jour, il lui écrit : « J'attendais aussi un signe de notre queenly Ida. Il n'est arrivé que ce matin sous la forme d'un t[é]l[é]gr[amme] enthousiasmé. Elle venait d'entendre la musique de Milhaud q[ui] l'avait "bouleversée". Je lui écris ce matin pour lui dire que les costumes et décors de Margotine ne sont pas moins remarquables. » (*CPC* 13, p. 336).

crée toute l'ambiance autour d'elle[84]. En tous cas il y a un mérite qu'on ne pourra refuser à cet effort, c'est l'unité.

Pour *Jeanne d'Arc* le problème est beaucoup moins difficile. La documentation est abondante, et décorateurs et costumiers pourront se donner carrière. Je ne doute pas que M. Jacovlev[85] ne fasse des merveilles.

Honegger m'écrit qu'il a terminé son travail[86]. Je suis sûr que c'est très beau et j'ai grande hâte de l'entendre[87].

Malheureusement je ne pourrai guère être à Paris avant la fin de ce mois. L'appartement que j'ai retenu (11bis Rue Jean Goujon) est en ce moment en proie aux ouvriers, qui, vous le savez sont toujours en retard[88].

Quel dommage que je ne puisse espérer de vous voir à Brangues ! Ces premiers jours d'automne sont si beaux, avec ces longues treilles surchargées de grappes, le Rhône qui apparaît çà et là au milieu des peupliers jaunissants et le soleil qui se couche dans une sombre symphonie de cuivre et d'or. J'espérais vous posséder ici quelques jours[89] et établir entre nous ce contact, cette communion d'idées et de sentiments qui sont si nécessaires avant tout travail pratique pour la réalisation d'une œuvre d'art. Ce n'est pas sans regrets que je renonce à cette idée. La maison est vide maintenant et vous pourriez venir si vous n'êtes pas trop exigeante pour le confort, mais évidemment il doit y avoir trop de choses qui vous retiennent en ce moment à Paris – et la saison au milieu des champs est parfois austère ! Quant à moi j'en jouis profondément et par tous les pores.

Agréez, je vous prie, mes affectueux et respectu[eu]x hommages

P. Claudel

---

84 Voir lettre 25.

85 Alexandre Iacovleff (ou Jacoblev) (1887-1938), peintre d'origine russe qui s'était rendu célèbre en accompagnant la Croisière noire, puis la Croisière jaune de Citroën. Il a réalisé les décors pour *Sémiramis* de Valéry et Honegger, œuvre donnée à l'Opéra de Paris en 1934. C'est finalement Alexandre Benois (1870-1960) qui réalisera les décors prévus pour l'Opéra de Paris. Ils serviront en arrière-plan lors de la création parisienne de *Jeanne d'Arc au bûcher* le 13 juin 1939 au Palais de Chaillot.

86 Voir la lettre d'Honegger dans Paul Claudel, *Correspondance musicale, op. cit.*, p. 103.

87 Ce sera chose faite bientôt : « Le 29 [octobre], chez Ida, exécution de la partition de *Jeanne d'Arc au bûcher* par Honegger, tout à fait réussie. » (*J* II, p. 112).

88 Claudel sera à Paris à partir du 24 octobre à l'Hôtel Lincoln et emménagera le 5 novembre.

89 La formulation est audacieuse. Claudel semble s'en moquer, écrivant à Audrey Parr le même jour : « Je regrette beaucoup de n'avoir pu "posséder", si je puis dire ! Ida ici quelques jours et de n'avoir pu lui donner l'atmosphère et l'ambiance de l'œuvre que nous avons réalisée ensemble. Avant d'entrer dans la période d'exécution, une période d'incubation et de pénétration du sentiment aurait été bien nécessaire. » (*CPC* 13, p. 336).

33. LETTRE DE PAUL CLAUDEL À IDA RUBINSTEIN

CHÂTEAU DE BRANGUES
Le 19 octobre 1935

Chère madame

Milhaud a dû vous dire que je partais le 23 pour Paris et naturellement la première chose que je ferai sera d'aller vous voir. Je serai jusqu'au 1ᵉʳ Hôtel Lincoln rue Bayard.

– J'aurais un grand service à vous demander. Il ne me reste plus un seul exemplaire de *Jeanne d'Arc au bûcher* ! et cependant v[ous] comprendrez combien j'en ai besoin pour préparer mon travail avec vous et ma conférence[90]. Pourriez-vous les faire taper et envoyer d'urgence ?

Le temps est merveilleux. Quel dommage de quitter un si beau pays en pleine fête automnale !

À vous de tout cœur et à bientôt !

P. Cl.

Je suppose que Honegger est également à Paris[91] ?

La lettre de Claudel du 22 octobre à sa fille Reine permet de connaître en partie la réponse d'Ida Rubinstein : « Hier j'ai reçu un télégramme de 86 mots de Rubinstein pour me dire tous ses regrets de n'avoir pu venir me voir à la campagne. » (Lettres à sa fille Reine, op. cit., p. 139).
La correspondance est alors moins nourrie car Claudel est à Paris. Le 31 octobre, il écrit à Audrey Parr : « J'ai vu il y a quelques jours notre Ida nationale – à qui Java ne paraît pas avoir fait de bien entre nous et a encore maigri et vieilli – et je lui ai montré tous vos dessins du Festin. *Elle a paru* enthousiasmée *très sincèrement et je crois que le tout sera admis et réalisé. » (CPC 13, p. 338). Milhaud lui joue, à deux reprises, la musique de* La Sagesse. *Le 3 décembre, Claudel note dans son* Journal *: « Comm[encement] des répétitions de* Jeanne d'Arc au bûcher *avec Ida Rubinstein. » (J II, p. 117). Le 6 décembre, il précise à sa fille Reine : « J'ai commencé mon travail de répétition avec Ida et je crois que cela marchera » (Lettres à sa fille Reine, op. cit., p. 141). Le même jour, une audition commune en petit effectif de* Jeanne d'Arc au bûcher *et de* La Sagesse *est organisée chez Ida Rubinstein. Le* Journal *de Claudel*

---

90   Conférence sur *Jeanne d'Arc au bûcher* qui sera prononcée pour la première fois le 18 décembre 1935 dans le cadre de l'Université des annales et publiée dans *Conferencia* le 1ᵉʳ octobre 1936 (voir *Th.* II, p. 1380-1393).

91   Claudel pensait sans doute à l'organisation de la petite audition envisagée qui aura lieu le 29 octobre (voir note 87).

mentionne une « Lettre à M[ilhaud] sur Le Festin : *10 déc[embre] », absente de la correspondance éditée. La 4ᵉ partie, déjà entendue avec quelques réserves fin octobre (voir* CPC 13, p. 338), *ne correspondait manifestement pas à ses attentes. Milhaud accepte de la retoucher.*

34. LETTRE DE PAUL CLAUDEL À IDA RUBINSTEIN

11ᴮᴵˢ RUE JEAN GOUJON. VIIIᴱ
le 18 janvier 36

Chère amie

Si le cœur vous en dit, voici un carton qui peut-être vous intéressera. Mais je suppose que vous avez des moyens plus intéressants d'utiliser votre dimanche[92].

À bientôt !
P. Claudel

Milhaud me dit qu'il a refait son finale suivant mes indications[93]
P. Cl

35. LETTRE DE PAUL CLAUDEL À IDA RUBINSTEIN

11ᴮᴵˢ RUE JEAN GOUJON. VIIIᴱ
le 19 janvier 36

Chère amie

J'ai retrouvé l'artiste dont je v[ous] avais parlé et q[ui] avait autrefois joué Pierre de Craon dans *L'Annonce*. J'en avais été très content. La voix est excellente, le physique et l'intelligence appropriés. Je crois qu'il ferait un beau Dominique. Il s'appelle Victor Magnat[94] et demeure rue de Fleurus. Si v[ous] le désirez, je pourrais lui dire d'aller vous voir et v[ous] pourriez le juger. Il a une très bonne prosodie et comprend mon rythme particulier, ce qui est rare. De plus je le connais et je suis en confiance avec lui. Je puis vous le recommander.

---

92 Le dimanche 19 janvier, Claudel note dans son *Journal* : « Conférence à l'Institut S[aint]-Michel. Lecture de fragments de *Un P[oète] regarde la croix*. » (*J* II, p. 122).

93 Le 28 janvier, Claudel écrit à sa fille Reine de manière plus explicite : « Milhaud a refait la finale du *Festin* dont je n'étais pas content. Maintenant c'est magnifique d'un bout à l'autre. » (*Lettres à sa fille Reine, op. cit.*, p. 146). Voir également la lettre 36 *infra*.

94 Victor Magnat (1882-1968) avait créé le rôle de Pierre de Craon en 1912, dans la mise en scène d'Aurélien Lugné-Poe et l'a encore joué en 1927 à la reprise de la mise en scène. En revanche, si Claudel note encore dans son *Journal*, en mai 1938, « Victor Magnat choisi pour jouer Frère Dominique avec Ida R[ubinstein] », il n'interprètera jamais ce rôle.

Agréez mes meilleurs hommages
P. Claudel

36. LETTRE DE PAUL CLAUDEL À IDA RUBINSTEIN

11BIS RUE JEAN GOUJON. VIIIE
le 29-1-36

Chère amie

Je viens d'entendre chez M[ilhaud] le final du *Festin* qu'il a refait suivant mes indications. C'est magnifique, dans une note de suavité ! et je crois que v[ous] en serez très contente. Vous devez être fière d'avoir inspiré et rendu possibles ces deux œuvres sublimes de Honegger et de Milhaud.

J'ai hâte de vous savoir revenue à Paris et de commencer notre travail avec vous.

De tout cœur bien affectu[euse]ment
P. Claudel

37. LETTRE DE PAUL CLAUDEL À IDA RUBINSTEIN

11BIS RUE JEAN GOUJON. VIIIE
le 23 février 36

Chère amie

Il y a bien longtemps que je ne vous ai vue[95] !

Je ne sais pourquoi, il me semble que cela peut vous intéresser de savoir que le S[aint] Sacrement est exposé dans toutes les églises du matin au soir ces trois jours qui viennent. On parle des bains de soleil ! mais que sont ces joies physiques au prix du bonheur de s'exposer aux rayons de ce soleil spirituel d'où s'exhalent à torrents la consolation, la confiance et l'intelligence ! Il me semble que ce sont là des choses que vous êtes faite pour comprendre.

J'ai lu à Lyon cette conférence sur Jeanne d'Arc que vous avez inspirée[96]. Elle a eu le plus grand succès.

---

95 Selon le *Journal*, la dernière rencontre remontait au début du mois : « 4 [février]. – À la Bibl[iothèque] Nationale, avec I[da] R[ubinstein] : le magnifique M[anu]s[crit] de l'Apocalypse illustré par le moine Beatus : XIIe siècle. » (*J* II, p. 125).

96 Reprise de la conférence prononcée à l'Université des annales le 18 décembre 1935 (*J* II, p. 128).

À mercredi 11 h[eures], – si vous n'êtes pas déjà repartie[97] !
De tout cœur
P. Cl.

En mars 1936, Claudel note dans son Journal *: « I[da] R[ubinstein] me fait dire que son pied exige d'elle un repos d'un mois ou 6 semaines » (J II, p. 132). C'est le début des reports incessants des représentations prévues, d'autant que la question des costumes pour* La Sagesse *n'est pas réglée, comme en témoigne la correspondance avec Audrey Parr : Ida Rubinstein souhaite des costumes inspirés du manuscrit du XIIᵉ siècle, consulté à la Bibliothèque nationale le 4 février, mais Claudel lui fait observer qu'ils ne sont pas compatibles avec son projet de mise en scène, et elle lui donne finalement raison. Claudel n'échappe pas à la responsabilité écrasante de la réalisation scénique. Le 17 mars, il écrit à Audrey Parr : « Il faudra absolument q[ue] je v[ous] réconcilie, car dans cette question de réalisation de costumes je suis complètement désemparé et il me faudra votre œil et votre autorité pour maintenir, changer, persuader, imposer etc. » (CPC 13, p. 343).*

38. LETTRE DE PAUL CLAUDEL À IDA RUBINSTEIN

Hôtel Ruhl & des Anglais
Nice
le 6 avril 1936

Chère amie

Je pense beaucoup à vous en ce moment et ma prière vous accompagne dans le mouvement si beau et si généreux que vous faites du côté de l'éternelle Vérité[98]. J'ai passé la journée des Rameaux dans le sanctuaire dominicain de Sainte Madeleine où l'on vénère encore le chef rayonnant de la servante du Christ[99]. Au milieu des forêts du Var j'ai découvert une extraordinaire abbaye Romane, un des monuments les plus parfaits que je connaisse de cet art puissant[100]. Mercredi et jusqu'à dimanche j'habiterai un antique moutier de l'île de Lérins. Pendant tout ce temps je ne cesserai pas de vous accompagner jusqu'aux pieds de Notre Seigneur.

---

97   Rien ne confirme que cette rencontre ait pu avoir lieu.
98   Le 17 mars, Claudel écrit à Audrey Parr : « Ida se convertit : Elle sera reçue à Pâques dans l'Église Catholique. Ce sont les Dominicains du Saulchoir qui se chargent de son instruction. » (CPC 13, p. 343). Le jour de Pâques tombait le 12 avril.
99   Il s'agit de la Basilique Sainte-Marie-Madeleine de Saint-Maximin-la-Sainte-Baume. Voir le récit de ce voyage entre Marseille et Nice du 2 au 13 avril dans *J* II, p. 137-139.
100 Il s'agit de l'Abbaye du Thoronet.

Ce pays est merveilleux en ce moment, il n'est que fleurs et parfums, avec la mer qui y ajoute l'éternité et le sel !

Je me réjouis de vous retrouver le 15 et de commencer ensemble notre grand travail en l'honneur de Sainte Jeanne[101].

Je vous envoie toute mon affection

P. Claudel

39. CARTE POSTALE (REPRÉSENTANT LE RÉFECTOIRE DU COUVENT DES PÈRES DOMINICAINS DE SAINT-MAXIMIN) DE PAUL CLAUDEL À IDA RUBINSTEIN

Vendredi Saint[102] 36
De cette magnifique abbaye de Lérins je vous souhaite une bonne fête de Pâques

P. Cl.

40. LETTRE DE PAUL CLAUDEL À IDA RUBINSTEIN

CHÂTEAU DE BRANGUES

le 25 juin 36

Chère amie
J'attendais toujours des nouvelles de vous ! Vainement !

Pourriez-vous me dire quelque chose de vos projets et si vous pensez toujours à Jeanne d'Arc ?

J'espère que votre santé est bonne ?

De tout cœur
P. Claudel

Le 20 septembre 1936, Claudel écrit à Milhaud : « Je ne sais plus rien d'Ida qui semble être volatilisée dans l'éther. C'est dommage : car je voudrais l'engager à reprendre Les Choéphores. *[…] Quant à* Jeanne d'Arc *et à* La Sagesse… ? ? ? » (CPC 3, p. 234-235). *Plus d'une année passe avant que le projet soit relancé. Un contrat signé, conservé dans les archives, montre qu'Ida Rubinstein avait engagé Pierre Chéreau pour la mise en scène et Boris Romanoff pour établir la chorégraphie de* La Sagesse *et de deux scènes de* Jeanne d'Arc au bûcher.

---

101 Rien ne confirme la tenue de cette séance de travail.
102 Il s'agit du 10 avril 1936.

41. LETTRE DE PAUL CLAUDEL À IDA RUBINSTEIN

Paris 11bis rue Jean Goujon
16 nov[embre] 37

Chère amie

À ma profonde consternation je ne retrouve plus d'exemplaire du *Festin de la Sagesse*. J'ai dû tout laisser à la campagne. Ces déplacements et installations sont pour moi affolants ! Pourriez-vous me faire taper un ou plutôt deux ex[emplaires] d'après celui de Milhaud qui est le seul bon[103] ?

La *Revue de Paris* me demande un texte. J'ai envie de lui envoyer *Le Festin* en l'accompagnant d'une préface, comme j'ai fait autrefois pour *Christophe Colomb*. Mais comme ce texte est votre propriété, j'aimerais avoir votre sentiment[104].

C'est toujours entendu pour Mardi prochain (Art Flamand) entre Midi et 1 h[eure][105].

De tout cœur
P. Claudel

Le Journal *ne confirme pas cette rencontre, mais le projet est bien relancé :* « 30 [novembre]. – Vu Ida Rubinstein et les décors et costumes de Benois pour J[eanne] d'A[rc] et Le Festin qui m'ont paru beaux. – 1re représentation le 15 février (?) » (J II, p. 210). Audrey Parr ne participe donc plus au projet, même si Claudel lui écrit « qu'une bonne partie de [leurs] idées, par ex[emple] pour les costumes d'Ida » a été conservée (CPC 13, p. 358).

Le projet ne sera pas réalisé, mais après avoir accepté la création de Jeanne au bûcher *en version de concert à Bâle en mai 1938, Ida Rubinstein maintient le lien en passant une nouvelle commande à Claudel en juin et en promettant des représentations, tout en le contraignant par de nouveaux documents. Les contrats conservés dans le fonds Rubinstein montrent que des engagements sont pris pour* Jeanne d'Arc au bûcher, La Sagesse, *mais aussi* Le Chevalier errant *de Jacques Ibert et des reprises de* La Valse *et du* Boléro *de Ravel. La réservation de l'Opéra est assurée pour les 29 novembre, 1er et 6 décembre 1938, mais également 23 et 25 mai, 1er et 6 juin 1939.*

---

103 Voir la section suivante sur les manuscrits et dactylographies. La dactylographie complète du texte, prenant en compte toutes les modifications opérées en 1935, avait bien été établie en amont.

104 Sans doute à cause du refus d'Ida Rubinstein, Claudel fera finalement paraître la seule préface intitulée « *La Parabole du Festin* : un essai d'adaptation du nô japonais », rédigée en décembre 1935 (voir *CPC* 13, p. 341).

105 C'est-à-dire le 23 novembre. Il pourrait s'agir d'une visite prévue au pavillon des Pays-Bas dans le cadre de l'Exposition universelle, mais le *Journal* n'en dit rien.

42. TÉLÉGRAMME DU 22 JUIN 1938
DE PAUL CLAUDEL À IDA RUBINSTEIN

Paris
ai terminé 1re partie Tobie
serai heureux vous la lire je pars vendredi pour 3 mois[106].
Respectueux hommages
Claudel

43. DOCUMENT DACTYLOGRAPHIÉ
SIGNÉ ET DATÉ PAR PAUL CLAUDEL

Je certifie que Madame Ida Rubinstein est seule propriétaire des deux ouvrages que j'ai rédigés intitulés *Jeanne au bûcher* et *La Sagesse*.

Madame Rubinstein peut donc disposer librement des deux ouvrages (publication, représentations, cinéma, etc.) comme lui appartenant.

P. Claudel

Paris le 23 juin 1938

44. LETTRE DE PAUL CLAUDEL À IDA RUBINSTEIN

CHÂTEAU DE BRANGUES
le 3 août 1938

Chère madame et amie

C'est fini ! j'ai achevé la première version (brouillon) de *L'Histoire de Tobie et de Sara*, et dans quelques semaines j'aurai achevé la version définitive. Au point de vue poétique je n'en suis pas trop mécontent, mais au point de vue musical et scénique, très franchement *je ne sais que penser*. Le musicien aura un rôle difficile, sans doute ingrat, en tous cas plein de problèmes épineux et ardus. Il y a beaucoup de dialogue parlé, entre autres une grande scène entre Azarias et Tobie. Chaque acte – il y en a trois – se termine par un long développement d'attitude pour Azarias. Je ne me rends pas du tout compte des possibilités. Vous pourrez en juger vous-même en septembre si vous venez à Brangues.

Pour la musique je crois qu'il serait difficile d'essayer un musicien entièrement nouveau, comme ce Lourié[107], dont je vous avais parlé, qui ne

---

106 Départ pour Brangues le 24 juin.
107 Arthur Lourié (1892-1966), compositeur russe qui, d'abord proche des bolchéviques, avait choisi l'exil en Allemagne en 1922, avant de s'établir à Paris en 1924. Proche de Stravinsky, il était catholique, ce qui aurait pu favoriser la collaboration avec Claudel.

manque pas de talent, mais que je ne connais pas et avec qui je n'ai jamais travaillé. Le mieux serait probablement Milhaud, bien qu'actuellement il ne veuille plus en faire qu'à sa tête, et qu'il ait cessé de m'écouter et de me comprendre. À ce point de vue j'aime mieux maintenant Honegger, mais aurait-il les forces nécessaires ? En tous cas vous avez le temps d'y penser – si toutefois mon ébauche n'est pas destinée à retourner au baquet.

Vous seriez bien aimable de me donner quelques nouvelles, s'il y en a, des deux pièces du 29 novembre[108].

Agréez, je vous prie, mes respect[ueu]x hommages

P. Claudel

P. S. Je n'ai pas de nouvelle des deux livrets confiés suivant votre désir à la NRF[109].

Il y aura aussi la question cinéma, nouvelle et importante[110]

45. LETTRE DE PAUL CLAUDEL À IDA RUBINSTEIN

CHÂTEAU DE BRANGUES
le 13 août 1938

Chère madame et amie

Ci-joint une lettre que je viens de recevoir de Gaston Gallimard. Elle prouve que le travail n'est pas très avancé, malgré objurgations et promesses !

Je lui confirme ce que j'ai déjà dit 20 fois, conformément à votre désir, qu'on prenne le modèle de *Perséphone*. Je suppose q[ue] vous êtes toujours de cet avis[111].

Je suis en train d'achever la copie de *L'Histoire de Tobie et de Sara*. Ce sera chose faite dans quelques jours.

En 1941, Arthur Lourié a fui vers les États-Unis où il a fini sa vie. Claudel le connaissait seulement de réputation.

108 En octobre, les représentations seront, une nouvelle fois, repoussées (voir *J* II, p. 248).

109 Voir la lettre suivante.

110 « L'idée de la mise en scène consiste dans un emploi continuel de la projection et du cinéma, qui donne couronnement et perspective à l'action dramatique engagée au premier plan par des personnages réels », écrit Claudel dans la didascalie qui ouvre *L'Histoire de Tobie et de Sara* (*Th.* II, p. 699).

111 Voir Paul Claudel et Gaston Gallimard, *Correspondance (1911-1954)*, éd. B. Delvaille, Paris, Gallimard, 1995, p. 512-517. Le même jour, Claudel écrit à Gaston Gallimard : « Je croyais vous avoir dit – et même répété – que Madame Rubinstein désirait que les deux livrets fussent exécutés sur le modèle de celui de *Perséphone*. J'aimerais bien recevoir les épreuves le plus tôt possible » (p. 516).

Je serais heureux d'avoir l'adresse actuelle de Honegger[112] pour lui
de[mander] où il en est de son travail sur *La [Danse des morts]*.

Avez-v[ous] réfléchi au [compositeur éven[113]]tuel pour *Tobie*. Je pense
que Milhaud serait encore le meilleur choix, quoique[114]...

J'espère que vous avez de bonnes vacances qui vous prépareront au
grand effort que v[ous] aurez prochainement à fournir.

Veuillez agréer, chère madame et amie, mes respectu[eu]x hommages
P. Claudel

Les représentations prévues n'ont pas lieu, même si Jeanne d'Arc au bûcher
*parvient à être donnée, en version de concert, à Orléans en mai 1939, avant
Paris puis Bruxelles. La guerre et l'Occupation bouleversent tout. Si Claudel a
cherché à recontacter Ida Rubinstein dès la Libération, comme le montrent les*
Lettres à sa fille Reine, *on ne dispose plus que de ces deux échanges :*

46. CARTE POSTALE (REPRÉSENTANT UNE VUE DE GENÈVE)
DE PAUL CLAUDEL À IDA RUBINSTEIN

Genève 8-1-46

Merci de vos vœux, chère amie ! C'est de tout cœur q[ue] je vous adresse
les miens !
P. Claudel

47. LETTRE DE PAUL CLAUDEL À IDA RUBINSTEIN

11. Boulevard Lannes. XVIe
Le 20 décembre 50
Chère Madame

Les journaux vous auront appris le succès de *Jeanne au bûcher*, enfin
réalisée à la scène[115]. C'est à vous que la France, parmi d'autres obligations,

---

112 On retrouve la même demande dans une lettre à Milhaud du 5 septembre, puis du
10 septembre (voir *CPC* 3, p. 241 et p. 242).

113 Un morceau de la lettre est déchiré. Nous proposons ces reconstitutions entre crochets.

114 Le 15 août, Claudel écrit à Milhaud pour lui proposer d'écrire la musique tout en pré-
cisant : « Une fois de plus nous aurons à discuter ensemble de cette question si ardue de
la musique à *l'état naissant* et de la jonction de la musique sortant de la poésie comme
la poésie naît de la prose, et la prose du silence et du grommellement intérieur. C'est
extrêmement ardu et nous aurons besoin de nous entendre complètement à ce sujet. »
(*CPC* 3, p. 241).

115 Mise en scène de Jean Doat, supervisée par Claudel, chorégraphie de Serge Lifar, avec
Claude Nollier dans le rôle de Jeanne d'Arc et Jean Vilar (puis Henri Doublier) dans

doit cette belle œuvre. Ni Honegger, ni moi, ne l'avons oublié. Votre nom restera associé au nôtre, et nous aurions aimé, en ce soir inoubliable, vous voir à nos côtés. Du moins notre reconnaissance vous restera à jamais acquise[116].

    Veuillez agréer, chère madame, mes respectueux hommages

P. Claudel

LES MANUSCRITS ET DACTYLOGRAPHIES CLAUDÉLIENNES DANS LE FONDS IDA RUBINSTEIN

DACTYLOGRAPHIES
DE *LA SAGESSE OU LA PARABOLE DU FESTIN*

    Concernant cette œuvre dont, on l'a vu, la genèse est complexe, marquée par de nombreuses reprises et corrections, le fonds Ida Rubinstein n'apporte pas de connaissances véritablement nouvelles dans la mesure où Claudel avait gardé de nombreux documents de son côté, présents dans le fonds des manuscrits de la Bibliothèque nationale (et donc au Centre Jacques-Petit de Besançon)[117]. Une dactylographie complète de la version initiale, sans doute lue le 13 décembre chez Ida Rubinstein, est identique aux deux exemplaires du fonds Claudel, avec les mêmes corrections manuscrites – mais cette fois de la main de Claudel. Elle comporte, sur la

---

le rôle de Frère Dominique. L'orchestre et les chœurs étaient placés sous la direction de Louis Fourestier qui avait déjà dirigé la création à Orléans puis à Paris en 1939.

116 Le 26 décembre, Ida Rubinstein recevait de Georges Hirsch, administrateur de la Réunion des théâtres lyriques nationaux, une lettre assez proche, conservée dans le fonds Rubinstein : « L'Opéra vient de connaître un de ses plus beaux triomphes par la présentation à la scène de *Jeanne au bûcher* et c'est pour nous un grand regret que vous n'ayez pu répondre à notre invitation et assister à ce premier spectacle. // Rarement on a vu un tel enthousiasme à une "première" et cette représentation constituera dans l'histoire de l'Opéra une date inoubliable. // Ce succès vous revient puisque c'est à vous qu'est due la naissance de ce magnifique ouvrage ; c'est vous qui l'avez suggéré au poète et au musicien et qui avez ainsi doté les lettres et la musique françaises d'un de leurs plus purs chefs d'œuvre. // Je vous exprime toute notre gratitude par cette lettre en attendant de pouvoir, je l'espère, vous la renouveler de vive voix dès que vous voudrez bien nous faire l'honneur et le plaisir d'assister à un de nos spectacles et de voir comment l'Opéra a su traduire à la scène *Jeanne au Bûcher*. // Dans cette attente, je vous prie d'agréer, Madame, mes hommages respectueux. »

117 Voir Pascal Lécroart, « Les manuscrits et dactylographies de *La Sagesse* », in *Paul Claudel, l'œuvre en chantier*, J. Houriez et C. Mayaux (dir.), « Écritures », Dijon, EUD, 2004, p. 109-126.

première page du texte, une dédicace manuscrite signée : « À Ida Rubinstein j'offre *La Sagesse* à revêtir ». Le travail de reprise qui eut lieu par la suite est visible sur les parties 3 et 4 à travers une dactylographie du début de la troisième partie et une du début de la quatrième partie retravaillées. Le fonds Claudel est, ici, plus riche, avec des versions intermédiaires manuscrites en plus de dactylographies, mais, si l'on dispose d'un double de la dactylographie du début de la quatrième partie, celle de la troisième partie n'était pas connue dans cet état final. Enfin, le fonds Rubinstein permet de lire une dactylographie complète de la version définitive de l'ouvrage. Elle est reliée et comporte 29 feuilles numérotés en recto, plus une couverture et une page de titre. La couverture porte *La Sagesse* en titre, la page de titre *La Sagesse ou la Parabole du Festin*. Un cachet au dos de la couverture d'une « Agence de copie » mentionne une date : « 21 janvier 1937 ». Il s'agit donc d'un tirage fait au moment où les représentations étaient programmées et c'est sans doute un exemplaire semblable qui a servi à établir l'édition définitive chez Gallimard réalisée en 1938-1939. Si on note la présence d'espaces pour disposer le texte sur la page, il n'y a plus les / qu'on trouvait dans la dactylographie de la quatrième partie corrigée pour guider la réalisation parlée ou musicale[118]. Par ailleurs, la plupart des mots ou expressions soulignés dans cette dactylographie seront oubliés dans le texte édité.

Le fonds Rubinstein propose également une dactylographie du texte « *Le Festin de la Sagesse : un essai d'adaptation du nô japonais* » (voir *Th.* II, p. 1368-1376).

MANUSCRIT ET DACTYLOGRAPHIE
DE *JEANNE D'ARC AU BÛCHER*

Ce manuscrit, pensé perdu, témoigne de la rapidité de conception de l'ouvrage. Une simple feuille A3, pliée pour former une pochette, porte le titre de la main de Claudel : *Jeanne d'Arc au bûcher*. À l'intérieur, on compte 30 feuilles, presque toutes écrites sur le verso seulement, mais la numérotation comporte des pages bis, la dernière portant le chiffre 26. Claudel n'a donc pas établi une copie au propre, comme il avait l'habitude de le faire pour ses textes. La première feuille de titre, à l'intérieur, porte la mention « Jeanne au bûcher » avec la précision « Pour Madame Ida Rubinstein ». La première page du texte proprement

---

118 Entre la dactylographie du fonds Claudel et celle du fonds Rubinstein, on note la présence des mêmes corrections manuscrites de la main de Claudel, mais l'ajout manuscrit des / n'est pas aussi complet dans la version Rubinstein.

dit comporte à nouveau la mention « à Madame Ida Rubinstein », avant
le titre « Jeanne d'Arc », « d'Arc » étant barré et remplacé par « au
bûcher » au-dessus. Aujourd'hui encore, le titre donné à l'œuvre hésite
entre *Jeanne au bûcher* et *Jeanne d'Arc au bûcher*. La situation est pire pour
La Sagesse qui est aussi appelée *Le Festin de la Sagesse*, voire *La Parabole
du Festin* ou *Le Festin*, tandis qu'existe une première version de scénario
d'un oratorio destiné à Jacques Benoist-Méchin en 1924 qui porte déjà
le titre *La Parabole du Festin*…

Il a fallu à la personne chargée, ensuite, de dactylographier le texte,
une attention certaine pour ne pas se perdre dans les différents ajouts que
comporte le manuscrit. On relève sans doute un oubli sur une didascalie
de la première scène : le manuscrit précise « Les Voix diminuent peu à
peu jusqu'à une tenue presque imperceptible », ce qui est plus élégant
que la simplification qui a ensuite prévalu : « …jusqu'à l'imperceptible »
(*Th.* II, p. 649). On remarque également que, dans la scène du jeu de
cartes, cette précision :

> La partie est engagée.
> De chaque côté du quadrille des valets, deux autres quadrilles, l'un décoratif
> de chevaliers et l'autre de paysans, c'est-à-dire trois qui donnent des coups
> de bâton et un qui les reçoit.

était bien une didascalie et non une réplique (voir *Th.* II, p. 658-659).

On s'amuse à relever, sur le manuscrit, des corrections et ajouts de
Claudel qui lui permettent d'affiner son texte. Dans la scène II, il remplace,
par exemple, le constat neutre : « Toutes ses plumes sur le parchemin
qui écrivent » par « qui grincent », apportant une dimension sensitive
et péjorative plus marquante. La « puissante voix de la vérité » gagne en
densité en devenant la « puissante voix du Vrai ». L'expression « se sont
fait tes accusateurs et tes bourreaux » gagne par l'ajout de l'expression
frappante « à contre Dieu ». À l'inverse, il adoucit l'image trop naïve de
Jeanne : « Et moi je suis le petit mouton qui reconnaît la voix de son
conducteur » en « Et moi je suis quelqu'un dans le troupeau qui reconnaît
la voix… ». De même « le sang de cette pauvre fille innocente » devient
« le sang de cette fille innocente ». Cependant, le plus souvent, il ajoute des
adjectifs : l'« impression de rossignol » devient l'« impression limpide de
rossignol » (sc. I), « cette épée » devient « cette terrible épée » (sc. IX). Dans
cette même scène, Jeanne, simplement « étonnée », devient « ébahie ». Les
adjectifs de couleurs apportent un imaginaire puissant : Frère Dominique
parlait d'« Une robe que mes frères de Paris ont souillée… », avant de

dire : « Ma robe blanche que mes frères de Paris ont souillée… » (sc. II) ;
« la Marguerite infatigable dans le ciel » devient « la Marguerite bleue et
blanche dans le ciel » (sc. VII) ; « cette Normandie toute rose », devient,
« toute rouge et rose, toute rouge de bonheur, toute rose d'innocence »
(sc. IX). Il prend aussi mieux en compte la réalisation orale : « qu'on l'ôte »
devient, de manière plus percutante et plus claire : « qu'on l'enlève »
(sc. III). La rythmique du texte est renforcée : on note plus de jeux de
répétitions et la succession initiale des noms « Couppequesne – Midi
– Toutmouillé – Malvenu », devient systématiquement trisyllabique
avec l'ajout du prénom « Jean Midi » (sc. VIII et IX) ; ce sera un support
pour la réalisation du compositeur. À la scène VIII, le langage truculent
d'Heurterbise et de la Mère aux Tonneaux se conquiert progressivement.
La réplique : « Heurtebise, mon époux, vous n'avez pas embelli depuis
l'temps que je vous ai vu », fait place à : « Heurtebise, mon époux, vous
avez bin mauvaise mine mon povre, depuis l'temps jadis que je ne vous ai
vu » ; « païens grossiers » devient « rustres agrestes et grossiers » en jouant
de l'allitération. « Et ne convient-il pas de boire », dans la bouche d'un
paysan, est remplacé par « Et n'est-ce pas le moment de boire ». Enfin,
les didascalies se font plus nombreuses et plus précises.

À défaut de manuscrit, Jean-Claude Honegger avait retrouvé, dans
les archives de sa mère Claire Croiza, une dactylographie du texte sur
laquelle son père, Arthur Honegger, avait travaillé. Les lettres publiées
supra montrent que Claudel a réclamé, dès le 26 décembre, « une des
dactylographies que je corrigerais moi-même soigneusement et qui pourrait servir à d'autres copies ». Presque un an plus tard, juste après avoir
demandé de nouveaux exemplaires à Ida Rubinstein, il écrit à sa fille
Reine le 22 octobre : « J'ai relu *Jeanne d'Arc* dans ta dactylographie et je
te félicite : c'est très bien tapé[119] ». Différentes dactylographies ont donc
coexisté.

La dactylographie d'Honegger provient manifestement de la première
version réalisée : comportant des corrections manuscrites importantes,
elle correspond étroitement au manuscrit de Claudel, en particulier
pour le début de la scène VIII. Sur son manuscrit, Claudel avait copié, à
part, les chants d'Heurtebise et de Mère aux Tonneaux, avec des ajouts
dans la marge compliqués à ordonner : la dactylographie reprend cette
disposition confuse, sans redistribuer clairement les chants par rapport

---

119 Paul Claudel, *Lettres à sa fille Reine, op. cit.*, p. 139. À comparer à la lettre du 19 octobre,
     citée *supra*, où Claudel demandait à Ida Rubinstein de nouveaux exemplaires. On peut
     penser qu'elle ne lui en aurait fourni qu'un seul et qu'il l'aurait fait recopier par sa fille.

au dialogue. Par ailleurs, l'exemplaire montre plusieurs corrections de la main d'Honegger qui ont ensuite été reprises dans l'édition : le Renard du procès, au lieu de se défiler parce qu'il « est allé à Vichy pour sa santé », est simplement « malade ». Dans la même scène, la formule « *non habemus alium regem* », tirée de la Bible, devient « *non habemus alium praesidem* », après « *judicem* » barré, qui est pourtant le terme finalement retenu dans la partition et dans l'édition. Les dernières didascalies de l'œuvre sont également complétées de sa main : « Voix sur la terre, comme si elles épelaient *une inscription* », puis « plus bas et solennel *comme si elles méditaient le sens* ». Ces corrections correspondent sans doute à une initiative du dramaturge. Honegger les a vraisemblablement reportées lors d'une séance de travail. Par ailleurs, ce dernier a modifié les paroles de la chanson de Trimazô à partir d'autres versions existantes, ou a fait de légères coupures (« Anatole France » et « la Sorbonne » ne sont plus explicitement cités parmi les ennemis de Jeanne), sans que la version définitive du texte en tienne compte. À l'inverse, dans l'édition, deux répliques lors de la scène du jeu de cartes ont été complétées, ce qui n'apparaît pas dans la dactylographie d'Honegger, ni dans la partition.

La seule version dactylographiée de *Jeanne d'Arc au bûcher* qui est présente dans les archives d'Ida Rubinstein pourrait correspondre à celle établie en octobre 1935. Cet exemplaire, relié, comporte le cachet, en première page, d'une « agence générale de copie », et c'est donc à elle qu'a été confiée la tâche de dupliquer la nouvelle dactylographie, à une époque où ni le texte, ni la partition n'avaient encore été édités (il était prévu d'attendre la création à l'Opéra, et le texte ne sera commercialisé qu'à l'été 1939). Très propre, elle a servi lors de la création à Orléans en mai 1938 : on voit la mention « Fabert » sur la couverture, nom de l'interprète d'Heurtebise. Par ailleurs, le dialogue d'Heurtebise et de la Mère aux Tonneaux est découpé, ainsi que le court dialogue du prêtre et de Jeanne dans la dernière scène, tandis que la scène du procès comporte différentes indications manuscrites. L'acteur s'est donc approprié librement son exemplaire, en fonction des rôles parlés qu'il a interprétés, avant de le rendre. Ce qui est intéressant, c'est que cet exemplaire comporte les nombreuses / qui viennent s'ajouter à la disposition en versets pour guider le travail de l'interprète, alors que le manuscrit et la dactylographie d'Honegger ne les contenaient pas. C'est donc bien au cours du travail de répétition – engagé dès 1935 – que Claudel a ajouté ces signes de scansion dans son texte. Dès son manuscrit, Claudel avait souligné quelques mots, mais cette dactylographie comporte également quelques syllabes spécifiquement soulignées – en nombre néanmoins beaucoup plus restreint par rapport à l'édition définitive. Il nous faudrait, cette fois, la dactylographie que Claudel a transmise à Gallimard, voire les épreuves, pour reconstituer encore plus finement le travail effectué sur le texte. Cette version de la dactylographie a pu servir de base à l'édition puisqu'on y trouve une redistribution maladroite d'une strophe du chant de Mère aux Tonneaux, répétée dans l'édition : comme nous l'avons déjà précisé, la strophe avait été notée de manière confuse sur le manuscrit[120]. Honegger avait su rétablir le bon ordre pour composer sa partition, mais le travail n'a jamais été effectué correctement pour l'établissement définitif du texte… Si quelques questions demeurent, il n'empêche que le manuscrit et la dactylographie du fonds Rubinstein permettent de bien progresser dans la connaissance de ce texte et de sa composition.

Le fonds Ida Rubinstein propose également une copie dactylographiée de la conférence de Claudel « *Jeanne d'Arc au bûcher* » (voir *Th.* II, p. 1380-1393).

Pascal LÉCROART

---

120 Voir la liste des variantes, *Th.* II, p. 1674.

CORRESPONDANCE
PAUL CLAUDEL-RENÉ BAZIN

Lorsqu'en mars 1906, Claudel épouse Reine Sainte-Marie Perrin, il entre en lien avec un autre écrivain : René Bazin. Le frère de Reine, Antoine Sainte-Marie Perrin a en effet épousé quelques années plus tôt une des filles de René Bazin, Élisabeth.

Dans les années qui suivent, une correspondance débute entre les deux écrivains, dont vingt-huit lettres sont parvenues jusqu'à nous. L'échange est inégal : le versant claudélien, conservé dans les papiers de René Bazin déposés aux Archives départementales du Maine-et-Loire[1], comprend 21 lettres, alors que les lettres de René Bazin conservées dans les archives Claudel de la BNF[2] ne sont que 7. Sans doute faut-il voir là une conséquence des vies si différentes des deux hommes : alors que la sédentarité bourgeoise de René Bazin, rythmée par les allées et venues entre son domicile parisien et la propriété angevine des Rangeardières a aidé à la conservation de ses papiers, la vie d'exil de l'« Absent professionnel » n'a au contraire pas favorisé celle-ci.

Figure incontournable de la fin du XIXᵉ et des premières décennies du XXᵉ siècles, René Bazin est un écrivain de nos jours peu connu, même si deux colloques ont récemment tenté de le faire sortir de cet oubli[3]. Angevin de cœur et de tradition, professeur de droit criminel à l'Université catholique d'Angers pendant toute sa vie, il est l'auteur de plus de vingt romans, récits et recueils de nouvelles qui furent très lus entre 1880 et 1930 et lui valurent d'entrer à l'Académie française

---

1 Le fonds René Bazin, coté J 11, contient plus de 35 000 documents appartenant à René Bazin déposés par la famille Catta, dont 6 cartons de correspondances. Je remercie Madame Élisabeth Verry, en charge de ces archives, qui m'a généreusement aidée à les consulter

2 Dossier « René Bazin » du fonds Paul Claudel (NAF 28255). Je remercie Madame Anne Verdure-Mary, alors en charge de ces archives, pour son aide à la consultation

3 *Lire aujourd'hui René Bazin ?*, actes du colloque du 25 mars 2000 à l'Université catholique de l'Ouest, éd. l'Harmattan, 2001 et *René Bazin : un écrivain à [re]découvrir*, actes du colloque international des 10, 11 et 12 mars 2016 à Angers, organisé par l'Association des Amis de René Bazin, les Archives départementales du Maine-et-Loire et l'Université catholique de l'Ouest, sous le haut patronage de l'Académie française, Saint-Léger éditions, 2017.

en 1903. Il fut également journaliste pour plusieurs quotidiens et périodiques tels *L'Écho de Paris*, le *Figaro*, le *Journal des Débats* ou encore la *Revue des Deux-Mondes*. Couramment considéré comme un écrivain régionaliste[4] ou académique[5], il doit à ces classifications un peu faciles la « décristallisation mémorielle[6] » dont il souffre aujourd'hui.

Force est de le constater : c'est un homme très différent de Claudel. D'abord, par la génération : né en 1853, René Bazin a quinze ans lorsque naît Claudel ; et, lorsqu'il meurt, en 1932, c'est le moment où Claudel, à l'aube de sa retraite diplomatique, se lance dans les grandes études exégétiques qui constitueront le pan de son œuvre le plus volumineux, à défaut d'être le plus connu. Ensuite, par le milieu social : issu d'une famille bourgeoise et monarchiste, engagé dans le catholicisme social, René Bazin incarne une « vieille France » très différente du milieu plus modeste de fonctionnaires républicains et indifférents sur le plan religieux d'où vient Claudel. Enfin, en littérature : non seulement Bazin est essentiellement romancier, genre auquel Claudel s'est toujours refusé, mais il pratique une écriture réaliste, qui utilise les techniques des naturalistes (la documentation précise, les fiches de renseignements, la visite sur place) quand Claudel vient du symbolisme ; en outre, Bazin connaît rapidement le succès littéraire, devenant « un des grands personnages de la vie littéraire et des salons[7] », ainsi qu'en témoigne sa précoce élection à l'Académie française, quand Claudel sera souvent en butte à l'hostilité de la critique littéraire et devra attendre les circonstances très particulières de 1945 pour être admis à l'Académie.

La correspondance entre les deux hommes atteste bien cette différence.

Ainsi y voit-on Claudel demander à Bazin, comme à un aîné mieux établi, son parrainage pour la Société des Gens de Lettres[8] ou encore des conseils sur une éventuelle candidature à l'Académie française[9]. C'est bien la même attitude que lorsqu'il écrivait à Élisabeth Sainte-Marie

---

4   Voir par exemple les articles qui lui sont consacrés dans le manuel *La Littérature française* de Joseph Bédier, Paul Hazard et Pierre Martino, Larousse, 1949 et dans le *Dictionnaire des littératures de langue française* de Jean-Pierre de Beaumarchais, Daniel Couty et Alain Rey, Bordas, 1984.
5   C'est la présentation qu'en donne Michel Malicet dans son introduction à la correspondance entre Paul Claudel et Élisabeth Sainte-Marie Perrin : « René Bazin – le père d'Élisabeth – est le modèle pour nous [d'une création littéraire] un peu étouffant et académique » (« Lettres de Paul Claudel à Élisabeth Sainte-Marie Perrin et à Audrey Parr », éd. Michel Malicet et Marlène Sainte-Marie Perrin, *Cahiers Paul Claudel 13*, Gallimard, 1990, p. 7).
6   Matthias Burgé, « La réception présente de René Bazin et de son œuvre : vers la fin du processus de "décristallisation mémorielle" ? », *René Bazin : un écrivain à [re]découvrir, op. cit.*
7   « Lettres de Paul Claudel à Élisabeth Sainte-Marie Perrin et à Audrey Parr », *art. cit.*, p. 18.
8   Lettre de Claudel à Bazin du 23 juillet 1914.
9   Lettres de Claudel à Bazin du 23 juin 1928 et du 17 juillet 1929.

Perrin pour lui demander de faire intervenir son père afin qu'un des grands prix de l'Académie française soit attribué à l'abbé Bremond pour les deux premiers volumes de l'*Histoire littéraire du sentiment religieux*[10].

De même peut-on être frappé par l'absence de réelle discussion intellectuelle ou esthétique entre eux : si chacun remercie l'autre pour les ouvrages qu'il lui fait parvenir, avec des éloges qui, au-delà des formules un peu convenues, semblent sincères, et si les premières lettres promettent des discussions littéraires, celles-ci n'ont jamais réellement lieu. Ainsi la lettre où René Bazin, tout en saluant avec enthousiasme la puissance dramatique des images claudéliennes, reproche à son interlocuteur « un peu d'obscur[11] » qui l'empêche encore d'atteindre la perfection et d'être entièrement compris du public n'amorce pas un réel échange esthétique : Bazin a beau annoncer cette conversation, on n'en trouve pas trace dans les lettres suivantes. Peut-être, bien sûr, la discussion a-t-elle eu lieu de vive voix entre les deux hommes lors d'une de ces rencontres qui se glissent entre les lettres. Mais, en ce cas, il faudrait constater qu'elle n'a laissé aucune trace dans les journaux de l'un et de l'autre ni dans leurs échanges postérieurs, ce qui montrerait son peu de poids dans la pensée artistique de chacun. De même, Claudel a beau louer dans l'œuvre de son interlocuteur l'écriture délicate et tendre d'un chrétien et d'un patriote, il ne le cite pas, ni ne le commente ou ne l'analyse très profondément, comme il le fit pourtant pour Rimbaud ou Verlaine, mais aussi pour Francis Jammes, Charles Péguy ou encore Charles-Ferdinand Ramuz. En 1912, il renonce à l'article qu'il projetait d'écrire sur son interlocuteur pour éviter un malentendu[12], mais, lorsque les soupçons de flatterie se seront dissipés, il n'y reviendra pas.

Nul doute donc qu'esthétiquement les deux hommes n'aient pas été très proches[13]. Pourtant, Claudel écrit à Élisabeth Sainte-Marie Perrin tenir

---

10 Lettre de Paul Claudel à Élisabeth Sainte-Marie Perrin du 5 mai 1917, *CPC 13, op. cit.,* p. 82. Les deux premiers tomes de l'œuvre de l'abbé Bremond – *Histoire littéraire du sentiment religieux en France depuis la fin des guerres de religion jusqu'à nos jours* – intitulés *L'Humanisme dévot* et *L'Invasion mystique* avaient paru l'année précédente chez Bloud et Gay. De fait, l'abbé Bremond reçut ce prix et entra lui-même à l'Académie en 1923.
11 Lettre de René Bazin à Paul Claudel du 17 décembre 1910.
12 Lettre de Paul Claudel à Élisabeth Sainte-Marie Perrin du 29 avril 1912 : « J'avais même pensé à écrire un article sur lui [votre père], mais j'en suis précisément empêché par l'intérêt qu'il m'a témoigné en me patronnant l'an dernier à l'Académie. On ne manquerait pas de trouver à mes éloges une raison intéressée » (*CPC 13, op. cit.,* p. 55-56).
13 Le *Catalogue de la bibliothèque de Paul Claudel* indique de plus que plusieurs livres de Bazin que Claudel possédait dans sa bibliothèque ne sont qu'à moitié découpés (catalogue édité par Maryse Bazaud avec la collaboration de Claudine Lang et de Marianne Malicet, Les Belles Lettres, 1970, p. 16).

beaucoup à l'approbation littéraire de René Bazin[14]. Et sans doute est-ce vrai puisqu'on le voit aussi à plusieurs reprises, comme en un véritable *leitmotiv*, regretter que le milieu littéraire français ne fasse pas à René Bazin une juste place[15] et, plus tard, en 1934, dans ses projets de candidature à l'Académie française, songer au fauteuil de celui-ci[16]. Comment comprendre alors cette admiration distante entre les deux hommes ?

Il faut y voir, nous semble-t-il, du côté de Claudel, l'estime de celui dont l'identité d'« écrivain catholique » est régulièrement contestée pour celui dont la même identité est au contraire indiscutée. En effet, les anthologies de littérature catholique de l'époque l'attestent bien : René Bazin est, chez toutes, le type même de l'écrivain catholique[17]. Il est celui qui « fit une carrière sans faute de grand écrivain catholique[18] ». Ses romans font l'objet de comptes-rendus élogieux dans les journaux catholiques, sans se heurter jamais à la censure sévère du jésuite Alphonse de Parvillez[19] ou de l'abbé Bethléem[20]. Il ne fait pas non plus partie des écrivains catholiques à propos desquels le Saint-Office lance une enquête en 1917 ; bien au contraire, les différents censeurs de l'Index le citent comme exemple d'authentique écrivain catholique, par opposition aux écrivains du renouveau, jugés dangereux pour la foi et pour les mœurs[21]. N'est-ce pas une situation très différente de celle de Claudel, souvent attaqué par la critique catholique, suspecté par l'abbé Bethléem[22], et directement

---

14   Lettre de Paul Claudel à Élisabeth Sainte-Marie Perrin du 20 décembre 1910 (*CPC 13, op. cit.*, p. 48).

15   Lettre de Paul Claudel à Élisabeth Sainte-Marie Perrin du 29 avril 1912 : « Vallery-Radot comme moi admire beaucoup votre père et trouve aussi qu'en somme on ne lui fait pas la place à laquelle il aurait droit » (*ibid.*, p. 55) et lettres de Claudel à Bazin des 25 mars 1913, 17 août 1924 et 6 décembre 1930.

16   Claudel, *Journal*, t. II, p. 85 : « Très médiocre éloge de René Bazin par Lenôtre. Ce pauvre R[ené] B[azin] n'a pas de chance. J'aurais trouvé tout de même autre chose à dire ».

17   Voir par exemple Camille Melloy, *Le Beau réveil : le renouveau catholique dans les lettres françaises*, Tours, M. Cattier, 1922, p. 14 ; Jean Calvet, *Le Renouveau catholique dans la littérature contemporaine*, F. Lanore, 1927, p. 117-136 ; Henri Bremond et Georges Goyau, *Manuel de la littérature catholique en France de 1870 à nos jours*, nouvelle édition, Spes, 1939, p. 11-12 ; Louis Chaigne, *Anthologie de la Renaissance catholique*, t. II : *Les Prosateurs*, Alsatia, 1940, p. 40.

18   Article « René Bazin » de Jean-Marie Pény, dans *Histoire chrétienne de la littérature : l'esprit des lettres de l'Antiquité à nos jours*, sous la direction de Jean Duchesne, Flammarion, 1996.

19   Alphonse de Parvillez, *Quelques livres à conseiller aux jeunes gens qui ont terminé leurs études : catalogue raisonné*, Lille, *Romans-Revue*, 1912.

20   Voir *Romans-Revue* (1908-1925) ; puis *Revue des Lectures* (1926-1947).

21   Archivio della Congregazione per la Dottrina della fede (Archives de la Congrégation pour la doctrine de la foi), Palazzo del Santo Ufficio, Index, Dossier « Rinnovamento letterario in Francia » 13 juin 1921, R.V. 1927 N 31 (345/1917).

22   Dans *Romans-Revues* des 15 février 1921 et 15 juillet 1922, l'abbé Bethléem applaudit l'ouvrage *Les Chapelles littéraires* (Garnier frères, 1920) du critique Pierre Lasserre qui

visé, à la suite de la dénonciation de l'avocat niçois Raymond Hubert, par l'enquête qu'ouvre l'Index en 1917 sur le renouveau catholique[23] ?

Pourtant, Bazin et Claudel appartiennent tous deux au même mouvement du renouveau catholique. En effet, n'en déplaise aux censeurs de l'Index qui l'en excluent pour l'exempter de la condamnation qu'ils portent contre les écrivains du renouveau, René Bazin appartient bien à ce courant. Il en a les fréquentations, comme en témoigne sa longue amitié avec Émile Baumann, victime, lui, de l'enquête du Saint-Office. Il en a aussi les engagements : d'abord président de la Corporation des publicistes chrétiens en 1915, il devient en 1921 celui de la Confédération professionnelle des Intellectuels catholiques et de la première Semaine des Intellectuels catholiques ; il assiste également à la création de la Fédération de la défense morale et artistique du théâtre de France en 1925[24]. Nul doute donc qu'il ait surtout les convictions du renouveau : comme Claudel, mais aussi Mauriac, Maritain, Vallery-Radot, Blondel et bien d'autres, c'est un catholique intransigeant, voyant dans la construction d'une littérature catholique un moyen de réintégrer dans l'art et la pensée un Dieu que la conception libérale héritée des Lumières et de la Révolution ont relégué aux domaines privés des cultes et des consciences, afin de construire une nouvelle société chrétienne. C'est pourquoi, aux antipodes du passéisme ou du traditionalisme[25] qui lui sont souvent reprochés, il peint dans ses romans des situations contemporaines et des problèmes actuels pour montrer les erreurs de la modernité laïque et la nécessité de son redressement par le catholicisme.

Mais René Bazin est un écrivain classique, quand Claudel vient du romantisme : il a cette « possession de soi-même[26] » dont Claudel lui fait éloge. Or, dans la perspective intransigeante du début du XXe siècle qui s'est battu contre le modernisme, le romantisme, par la priorité qu'il accorde au sentiment, est un objet de méfiance : ne fait-il pas de la foi un simple « sentiment religieux » ? Le classicisme, qui fait primer la raison

---

formule de fortes réserves sur Claudel, Jammes et Péguy.

23 Voir à ce sujet Jean-Baptiste Amadieu, « L'instruction de 1927 sur la littérature mystico-sensuelle », *Pie XI et la France : l'apport des archives du pontificat de Pie XI à la connaissance des rapports entre le Saint-Siège et la France*, actes du colloque organisé du 4 au 6 décembre 2008 à l'Instituto Luigi Sturzo, éd. Jacques Prévotat, École Française de Rome, 2010, p. 315-345.

24 Henry Phillips, *Le Théâtre catholique en France au XXe siècle*, Champion, 2007, p. 794.

25 Voir Jacques Julliard, « Naissance et mort de l'intellectuel catholique », *Mil neuf cent*, vol. 13, n° 1 de l'année 1995, p. 8 et Grégory Bouak, « René Bazin et les "4 B" : la pertinence d'une étiquette ? », *René Bazin : un écrivain à [re]découvrir, op. cit.*, p. 297-312.

26 Lettre de Paul Claudel à René Bazin du 25 mars 1913.

sur le sentiment, paraît préférable : n'est-il pas plus apte à reconnaître au dogme sa priorité ? Ainsi s'explique que, pour la majeure partie des milieux catholiques de l'époque, l'art chrétien à construire pour restaurer une modernité chrétienne soit conçu comme un art classique. Et l'on comprend aussi que, bien qu'engagés dans le même projet à la fois litté-raire et catholique, Claudel et Bazin aient connu des réceptions opposées dans les milieux littéraire et catholique majoritairement néo-classiques[27].

À cette dimension littéraire majeure de la correspondance, il faudrait en ajouter une seconde : la dimension familiale, comme on le voit avec les lettres autour des morts d'Élisabeth et d'Antoine Sainte-Marie Perrin.

Il faudrait aussi pouvoir y superposer un aperçu des rencontres concrètes entre les deux hommes. Mais, là encore, nous en avons peu de traces : du côté de Bazin, le *Journal d'un civil pendant la guerre* rend compte d'un dîner ensemble à Paris avec Monseigneur Baudrillart et Étienne Lamy en février 1915[28], tandis que le *Journal* de Claudel relate un passage aux Rangeardières en août 1925 lors d'une randonnée en automobile avec sa fille Gigette[29]. Est-ce là tout ? Sans doute faudrait-il éplucher les agendas et les vingt-et-un carnets de voyage de René Bazin pour en savoir plus.

Le sujet n'est donc pas épuisé. Mais la correspondance qui nous est parvenue aura au moins permis d'éclairer les liens qui unirent les deux écrivains et de comprendre combien, du côté de Claudel, cette estime tient à la reconnaissance entre frères d'armes, exempte, une fois n'est pas coutume dans le milieu du renouveau catholique, de tensions et de conflits. C'est le catholique sincère et engagé qu'il admire : n'est-il pas révélateur que la seule parole de René Bazin qu'il ait notée dans son *Journal* ne soit pas un mot d'écrivain mais de croyant[30] ?

Graciane LAUSSUCQ DHIRIART

---

27   Claudel le souligne lui-même dans ses lettres à René Bazin des 5 juin et 17 juillet 1929.

28   René Bazin, *Journal d'un civil pendant la guerre*, t. I : *1914-1916*, Orthez, Éditions Édilys, 2018, p. 115 : « 18 février – [...] Claudel me raconte qu'en septembre, l'ambassadeur d'Angleterre, Sir Francis Bertie, entre chez Delcassé, et, venant lui parler de l'Italie, commence ainsi : *"Je viens vous parler de la putain."* »

29   Claudel, *Journal*, t. I, p. 685 : « 18-19 [août 1925]. Grande randonnée en auto avec ma fille Gigette à travers les affluents de la Loire. [...] Puis Angers. La Rangeardière. René Bazin. Une famille chrétienne. Les beaux yeux noirs de Madame Bazin ».

30   *Ibid.*, à la date de décembre 1932 : « Dernières paroles de R. B. Tout s'en va mais Jésus vient. » (*J.* I, p. 1023).

1. PAUL CLAUDEL À RENÉ BAZIN[31]

Consulat de France à Prague
Vendredi Saint [1910[32]]

Cher monsieur

J'ai été bien sensible à l'honneur que vous m'avez fait de m'envoyer votre dernier livre *La Barrière*[33]. Je suis mieux placé que quiconque pour apprécier le dur conflit qui fait le sujet de ce livre sévère, où vous n'avez fait en somme que développer l'évangile du dieu qui apporte la guerre, le glaive, le feu, et qui sépare le fils du père et l'époux de l'épouse[34]. C'est une conception basse que certaines gens à bonnes intentions essaient de faire prévaloir d'un Christ confortable et domestique expressément venu au monde pour augmenter et rassurer notre bien-être. Je vois très bien le côté social du christianisme qui séduisait Brunetière et j'en vois non moins bien le côté antisocial. L'infini fait éclater tous nos moules, nous ne pouvons pas le mettre en bouteilles. Le Christianisme édifie non pas à la manière d'un entrepreneur de maçonnerie, mais à la manière d'un germe et d'un ferment[35].

J'ai vu des convertis anglais placés dans des situations presque analogues à celle où vous mettez votre officier. Je vous ai parlé, je crois, de mes amis de la Touche[36] et Thorold (le fils de l'évêque de Rochester[37]).

Il n'y avait pas de sujet de drame plus beau et qui touche davantage aux entrailles de notre époque. Vous avez bien raison de dire que la nôtre

---

31   Archives départementales du Maine-et-Loire, carton 11J37.

32   L'année de la lettre n'est pas indiquée. Mais c'est en 1910 que parut le livre de René Bazin ici mentionné et que Mgr Baudrillart se porta candidat à l'Académie française.

33   Calmann-Lévy, 1910. À Élisabeth Sainte-Marie Perrin, Claudel écrit le 6 avril 1910 : « Votre père a été bien aimable de m'envoyer son livre. J'en ai été très honoré. Remerciez-le encore de ma part. » (*CPC 13, op. cit.*, p. 43).

34   Allusion à *Mt* 10,34 et *Lc* 12,51.

35   Le thème de la semence, très présent chez Claudel, a notamment été étudié par E. Devaux : *La Métaphore séminale dans les commentaires bibliques de Paul Claudel*, Lit Verlag, 2017.

36   Ni dans le *Journal* de Claudel ni dans ses autres correspondances, nous n'avons pu retrouver trace de ces La Touche.

37   Il s'agit d'Algar Thorold, jeune Anglais converti de l'anglicanisme au catholicisme, que Claudel rencontra en 1900 lors de son séjour à Solesmes. Il était le fils d'Anthony Wilson Thorold, évêque anglican du diocèse de Rochester de 1877 à 1891, puis évêque de Winchester. Il devint par la suite un écrivain anglais assez connu, auteur notamment d'ouvrages sur la mystique. Les deux hommes ne semblent pas être restés en contact, mais Claudel l'évoque en 1911 dans une lettre à Valéry Larbaud (G. Jean-Aubry, *Valéry Larbaud, sa vie et son œuvre d'après des documents inédits*, t. I : *La Jeunesse (1881-1920)*, Monaco, Éditions du Rocher, 1949, p. 169) puis dans ses *Mémoires improvisés* (recueillis par Jean Amrouche, Gallimard, 1954, p. 160).

est religieuse par excellence. Que l'on compare la littérature actuelle à celle qui avait la vogue du temps de Zola et de Daudet[38], et que l'on compare ces protagonistes à ceux qui comme vous et Barrès ont pris leur place. C'est un des rares sujets de consolation de ce triste temps.

J'ai été bien heureux d'apprendre que tous les obstacles à la présentation de Mgr Baudrillart étaient enfin levés[39]. J'espère que son élection ne fait pas doute ? L'Académie a vraiment besoin de se débarbouiller des Brieux, des Richepin, des Donnay[40] qu'elle a élus coup sur coup.

Présentez, je vous prie, mes hommages à Madame Bazin, rappelez-moi au souvenir d'Élisabeth et de ma collaboratrice Fafa[41], et agréez, avec mes nouveaux remerciements pour votre beau livre, l'assurance de mes sentiments bien respectueusement dévoués.

P. Clau

2. PAUL CLAUDEL À RENÉ BAZIN[42]

Consulat de France à Prague
18 juillet [1910[43]]

Cher Monsieur,

Elizabeth[44] me dit que vous préparez une conférence sur Francis Jammes[45] et que vous aimeriez à recevoir de moi sur ce grand poëte quelques détails qui vous aident à fixer sa physionomie. Je suis en effet

---

38   Claudel évoque de la même manière les « tristes années quatre-vingts » de sa jeunesse dans « Ma conversion » (*La Revue des jeunes*, 10 octobre 1913, repris dans *Contacts et circonstances*, Gallimard, 1940 ; *Pr* p. 1009). Cette comparaison entre la littérature en vogue dans son adolescence et le renouveau catholique est un thème récurrent de sa correspondance.

39   Alfred Baudrillart se porta candidat à l'Académie française au fauteuil du cardinal Mathieu au printemps 1910, mais ne fut pas élu. C'est seulement le 2 mai 1918 qu'il le fut, au fauteuil d'Albert de Mun.

40   Eugène Brieux, dramaturge et journaliste, fut élu à l'Académie française le 18 mars 1909 ; Jean Richepin, romancier, dramaturge et poète, le 5 mars 1908 ; enfin, Maurice Donnay, dramaturge et poète, le 14 février 1907.

41   Il s'agit d'une sœur cadette d'Élisabeth, Françoise Sainte-Marie Perrin (1895-1968), que Claudel a rencontrée lors d'un séjour à Hostel en octobre 1909.

42   Archives départementales du Maine-et-Loire, carton 11J37.

43   La lettre n'est pas datée. Claudel est en poste à Prague de décembre 1909 à l'automne 1911. La lettre pourrait donc dater de 1910 ou de 1911. Mais le fait que Claudel situe cinq années plus tôt le séjour à Orthez qu'il fit en 1905 nous pousse à dater cette lettre de 1910.

44   Claudel écrit indifféremment le prénom de sa belle-sœur à l'anglaise ou à la française.

45   Il ne semble pas que ce projet ait abouti. On n'en retrouve en tout cas nulle trace dans les échanges postérieurs entre les deux hommes ni dans la correspondance de Claudel avec Élisabeth Sainte-Marie Perrin. Celle-ci organisa toutefois plus tard, en 1914, une

en correspondance avec Jammes depuis une dizaine d'années[46]. J'ai été le voir à Orthez il y a cinq ans dans le moment le plus critique et le plus pathétique de sa vie et j'ai été à ce moment le témoin de ses tristesses, de ses luttes internes et de sa conversion profondément sincère et touchante. J'ai même eu l'honneur de servir la messe où il fut réconcilié par un excellent père bénédictin[47]. Depuis il vit entre sa vieille mère, sa femme et ses deux enfants dans cette ravissante petite ville d'Orthez qu'il n'a jamais quittée, en chrétien irréprochable et édifiant.

Au physique, c'est un petit homme brun et râblé, avec de magnifiques yeux noirs que cache un lorgnon et une barbe de philosophe. Il a l'accent et l'entrain de son pays béarnais avec la manière la plus fine, la plus amusante et la plus pittoresque de parler des choses et des gens. Vous pourrez vous en faire une idée en lisant le portrait des tantes huguenotes dans *Ma fille Bernadette*. Le trait qui m'a le plus frappé chez lui est le don naïf qu'il a de prendre intérêt à tout ce qui l'entoure : le notaire, le pharmacien, le sous-préfet, le facteur, le « savetier qui a un oiseau », les mendiants, la vieille dame et la jeune fille qui passent dans son salon, Jammes se trouve aussitôt de plain-pied avec eux, il sait leur parler et les faire parler, ils l'aiment et se sentent en confiance avec lui, ils se sentent pris au sérieux. Quand Jammes au début de *Ma fille Bernadette* raconte qu'il a pris pour témoin de l'acte de naissance le fameux savetier « qui a un oiseau », les gens de Paris ricanent et prennent cela pour de l'affectation. Mais pour Jammes, la vision de cet oiseau dans sa cage est aussi importante par elle-même qu'elle le serait pour un enfant de trois ans ; les choses et les êtres de Dieu les plus humbles ont pour lui toute leur valeur, rien n'est démonétisé, il a sur ce pays qu'il n'a jamais quitté des droits qui sont refusés à un étranger, il n'y a plus de nom commun pour lui, tout devient nom propre.

Je serais on ne peut plus heureux si vous me faisiez l'honneur de m'envoyer votre conférence. On a beaucoup parlé de Jammes, mais jamais à ce que je trouve d'une manière appropriée à ce cœur excellent, à cette vive intelligence, et à cet admirable artiste. Votre sens de la terre

---

conférence sur Francis Jammes, à la demande de celui-ci (voir la lettre d'Élisabeth Sainte-Marie Perrin à Claudel du 21 février 1914, *CPC 13*, *op. cit.*, p. 66).

46   Leur correspondance commence en 1897 (Paul Claudel, Francis Jammes et Gabriel Frizeau, *Correspondance 1897-1938*, avec des lettres de Jacques Rivière, préface et notes d'André Blanchet, Gallimard, 1952).

47   À la fin du mois de juin 1905, Claudel se rendit à Orthez chez Jammes. C'est là qu'au début du mois de juillet, à une messe servie par Claudel, Jammes reçut la communion des mains de l'abbé Caillava, un moine bénédictin qui avait en vain tenté de l'aider, quelques mois plus tôt, à réaliser son projet de mariage.

française et de l'âme chrétienne vous permettront, j'en suis sûr, de faire l'étude définitive que nous attendons.

Respectueusement.

P. Clau

3. RENÉ BAZIN À PAUL CLAUDEL[48]

Les Rangeardières
Saint Barthélémy (M[aine] et L[oire])

Cher monsieur,

Je vous remercie du portrait de Francis Jammes signé de vous, je le sais ressemblant. Vous devinez que deux choses m'ont fait choisir ce sujet : l'art et la foi de l'artiste. Je trouve beaucoup de renommées vaines, beaucoup d'œuvres si légères ou nulles de pensée que je n'ai pas pour vingt pages de courage, quand je les lis. Francis Jammes, avec ses lignes rimées et ses enfantillages voulus, a plus songé que nombre de poètes rentiers. Ce sera vers la fin de l'automne que je parlerai de lui, en Belgique, je pense, ou en Suisse. Je n'accepte presque plus de conférences ; c'est une grande dépense de temps : mais je ferai celle-là.

Je vous souhaite un séjour plein de méditations et de belles odes en Bohême. Je souhaite vous revoir, quand vous passerez à Paris, et je vous assure, cher monsieur, de mon fidèle et cordial souvenir.

4. RENÉ BAZIN À PAUL CLAUDEL[49]

17 décembre 1910

Cher monsieur,

J'ai emporté en Belgique, pendant un court voyage, le premier acte de L'Otage[50], que j'avais commencé de lire à Paris. Je veux vous dire mon admiration : c'est tout à fait grand, émouvant dès le début et d'une émotion tragique, c'est plein de mots à forte tête et bien enfoncés dans le texte, plein d'images rapides, comme il convient dans le dialogue. Il est sûr que vous pouvez écrire des drames dont nous sommes déshabitués ; il est sûr que la renommée va vous presser, et je m'en réjouis, parce que vous êtes un grand artiste et un chrétien,

---

48 BnF, NAF 28255. La lettre n'est pas datée. Mais le sujet permet de la situer immédiatement à la suite de la précédente, à laquelle elle répond.
49 *Ibid.*
50 Paru dans la *Nouvelle Revue Française*, décembre 1910.

c'est-à-dire un noble. Je vous prie de me pardonner si je mets, non pas une réserve à mon admiration, mais un conseil à la suite de ma louange, le conseil d'un ami qui veut que tout Paris pense ce qu'il faut penser de vous. Eh bien ! je crois que vous devriez, une autre fois, expliquer plus nettement, en formules plus claires, le passé de vos personnages, et je crois aussi que vous n'avez pas été jusqu'au bout de l'effort, dans la scène – bien belle – entre le Pape et Coûfontaine, car il y reste un peu d'obscur. Or il y a chez vous un travail extraordinaire de raccourci, une entente de sonorités, des voisinages, du sens premier des mots, qui montre que si vous voyiez comme moi, il vous est libre d'atteindre ce que j'appellerai la perfection.

Je suis bien heureux de vous écrire ces choses. Je lis beaucoup et je trouve parfois des phrases qui me ravissent : un acte, vingt pages de texte, mais je viens seulement de trouver cela. Et c'est signé d'un nom qui m'est cher à plus d'un titre.

Dites à Reine qu'elle a bien raison d'être fière de son mari.

Je vous serre la main.

5. RENÉ BAZIN À PAUL CLAUDEL[51]

1ᵉʳ janvier 1911

Quel beau cadeau je reçois de vous, cher monsieur[52] ! L'enveloppe et l'amande, tout m'a réjoui, la pensée, l'ellipse extrême, l'image. Vous êtes un poète rare, et, Dieu merci, un poète qui voit la Cause et qui ne s'arrête pas aux étoiles. Je lis, en les méditant, ces belles Odes. J'ai le désir de votre célébrité ; il me semble que j'en aperçois l'aube. Vous aurez cette année peut-être ces étrennes-là. Je le souhaite. Je vous dirai, quand nous causerons ensemble, toute ma pensée sur la possibilité d'intelligence de votre œuvre, sur l'adaptation des yeux qui lisent à ce passage, sévère et beau.

J'ai causé de vous, dans plusieurs milieux.

Que Dieu vous donne une année de bonheur, de force, de travail !

Merci encore ! Dites mon affectueux souvenir à Reine, et croyez-moi de tout cœur à vous, poète qui avez glorifié mon Dieu et touché mon cœur.

---

51 BnF, NAF 28255.
52 Il s'agit des *Cinq grandes odes suivies d'un processionnal pour saluer le siècle nouveau*, parues à la Bibliothèque de l'Occident, en 1910.

6. PAUL CLAUDEL À RENÉ BAZIN[53]

Consulat de France à Prague
25 janvier [1911[54]]

Cher monsieur

Mon admirable ami Philippe Berthelot m'avait prévenu, il y a quelques jours, qu'il vous avait demandé, de son propre mouvement, votre recommandation auprès de M. Pichon[55] en vue de ma nomination de Consul Général. Il m'écrit aujourd'hui[56] que vous avez bien voulu faire l'ennuyeuse démarche demandée avec toute la bonté et la cordialité que je pouvais attendre de vous, et que cette promotion, si importante pour moi et difficile à obtenir, est désormais chose sûre. Je ne voudrais pas vous adresser de remerciement banal mais simplement vous dire que je suis sensible à ce que vous avez fait. Entre tous les bienfaits dont la Providence m'a comblé, le plus grand est celui de m'avoir donné d'admirables amis, bien meilleurs que je ne le suis, et de me voir l'objet de bons offices que je n'ai rien fait pour mériter.

Je lis avec la plus grande émotion les pages si simples et si belles que vous consacrez dans *L'Écho de Paris* à *La Douce France*[57]. J'en parlais dernièrement chez mes amis les Bénédictins du Couvent d'Emmaüs[58] et je leur parlais de ce mouvement catholique qui en France entraîne les plus nobles esprits. C'est la situation inverse de celle qui existe en Autriche où le peuple est bon, mais où « l'intelligence » est indifférente ou athée.

N'aurai-je pas un jour le bonheur de vous voir à Prague ? C'est une ville si belle et si intéressante par tant de points.

Adieu, cher Monsieur. Merci, permettez-moi de vous serrer la main en profonde gratitude et affection.

---

53 Archives départementales du Maine-et-Loire, carton 11J37.
54 L'année de la lettre n'est pas indiquée. Mais, puisque la suivante lui répond, nous pouvons la dater avec certitude de 1911.
55 Stephen Pichon (1857-1933) était alors ministre des Affaires étrangères (du 24 juillet 1909 au 27 février 1911).
56 Ce que l'on connaît de la correspondance entre Claudel et Philippe Berthelot se trouve aux Archives diplomatiques. Quelques lettres de Philippe et Hélène Berthelot à Claudel et quelques extraits de la correspondance diplomatique entre Claudel et Berthelot ont été publiés dans le *Bulletin de la Société Paul Claudel* n° 28 (octobre 1967, p. 19-31 et p. 53-67). Mais ce ne sont pas les lettres de Berthelot ici évoquées par Claudel.
57 René Bazin, « La Douce France », *L'Écho de Paris*, numéro du 19 janvier 1911, p. 1.
58 On retrouve mention de ce dîner dans le *Journal* de Claudel : « Le 8/1, dîné à Emmaüs » (t. I, p. 182).

7. PAUL CLAUDEL À RENÉ BAZIN[59]

Consulat de France à Prague
4 mars 1911
Cher monsieur
Vous avez vu par le journal que votre recommandation a produit un effet et que Pichon avant de partir a tenu sa promesse. Je tiens à vous exprimer encore une fois ma reconnaissance.

Elizabeth me dit que le service de la N.R.F. ne vous a pas été fait. J'en suis très contrarié et vous envoie moi-même par courrier les 2e et 3e actes de *L'Otage*[60].

Barrès avait parlé à un de mes amis de faire une étude sur moi et mon œuvre[61]. Mais c'est là sans doute une de ces velléités bienveillantes que la vie de Paris ne permet pas toujours de pousser à leur terme. Je suis philosophe et habitué à l'obscurité, qui a de grands avantages pour un écrivain, surtout quand il a le malheur d'être à la fois fonctionnaire et réactionnaire ! Je n'en travaillerai que mieux.

Votre récit du siège du Pitang[62] m'a beaucoup ému. C'est une page des Chansons de geste. Rien n'y a manqué, même les Anges descendant du ciel pour protéger la Mission, que les assaillants, dont beaucoup se sont convertis, prétendent avoir vus.

Veuillez agréer, cher Monsieur, l'assurance de mon respectueux dévouement.

8. RENÉ BAZIN À PAUL CLAUDEL[63]

8 mars 1911
Fête de la Saint Thomas d'Aquin
Il eût été content, ce grand patron, qui a pensé pour plusieurs, et il eût approuvé beaucoup des admirables formules où vous avez resserré

---

59 Archives départementales du Maine-et-Loire, carton 11J37.
60 Parus dans la *Nouvelle Revue Française*, numéros de janvier et février 1911.
61 Voir à ce sujet la lettre où Berthelot annonce à Claudel ce projet qu'a Barrès d'écrire un article sur lui (lettre du 3 mars 1911, publiée dans *BSPC* n° 28, art. cité, p. 25), puis les deux lettres que Claudel envoie alors à Barrès pour lui donner des renseignements (lettres non datées publiées par C. Bompaire-Évesque dans « Une autobiographie spirituelle et esthétique. Deux lettres de Paul Claudel à Maurice Barrès conservées à la Bibliothèque littéraire Jacques Doucet », *BSPC* n° 177, 1er trimestre 2005, p. 7-17). Comme Claudel le pressent, l'article ne se fera pas.
62 René Bazin, « La Douce France. Les héros de la marine française : le siège des Légations à Pékin », *L'Écho de Paris*, numéro du 2 mars 1911, p. 1.
63 BnF, NAF 28255.

des vérités qu'on n'entend guère au théâtre. Je vous ai dit que ce drame est d'un ordre très supérieur. Les deux derniers actes ont confirmé ce jugement. Plusieurs personnes auxquelles j'ai parlé de *L'Otage* ont la même pensée et la même émotion. Ni de Jésus-Christ, ni du sacrifice, ni de la race, ni du Roi, ni de l'essentiel caractère du sacerdoce, il n'a été écrit au théâtre, en termes aussi justes et aussi nobles. Ce qui manque pour qu'une œuvre semblable éclate et ravisse, c'est quelque chose de pur métier, quelque préparation et explication, car le spectateur ne fera pas le travail du lecteur, il n'a pas le temps, il n'a pas l'habitude, et c'est peut-être, quelques abandons de phrases belles, qui sont claires seulement pour ceux qui méditent. Vous résoudrez-vous à ces changements ? Je ne le crois pas. Il ne faut cependant pas croire que vous cesseriez d'être un grand artiste en les faisant.

De si admirables dons vous ont été confiés pour que Dieu soit glorifié, vous le savez bien. Je vous prie de ne pas descendre des hauteurs où vous avez vécu par la pensée, familièrement, en écrivant ce drame, et bien avant, car ces choses ne s'improvisent guère.

Il est sûr que votre réputation va s'accroître à l'apparition du livre. Votre ami du ministère[64] me disait qu'il n'était pas de votre intérêt qu'on fît beaucoup d'articles. Mais ni lui ni vous n'empêcherez beaucoup d'hommes d'aimer, comme moi, ce que vous venez d'écrire, et de le crier. Ils ne comprendront pas tout, mais ils s'étonneront, et à cause de leur race et de leur baptême, sans tout comprendre, ils seront pour vous.

Au revoir ! Monsieur le Consul Général et ami ; saluez Reine ; remerciez-la encore du jambon [*un mot illisible*], et croyez-moi cordialement vôtre.

9. RENÉ BAZIN À PAUL CLAUDEL[65]

5 juin 1911

Cher Monsieur,
J'ai lu vos « Propositions sur la Justice[66] ». Elles sont belles, et je les crois justes. Il me plaît de rencontrer, dans leur langue propre, des idées que je sens venues de longues études et de longues réflexions. Fleurs de solitude, toujours. Ça ne pousse pas dans le monde.

---

64 Très probablement Philippe Berthelot.
65 BnF, NAF 28255.
66 *L'Indépendance*, numéro du 15 mai 1911.

Je lis *Tête d'Or*[67]. Ici, je suis plus désorienté. Je vous pénètre moins bien que je ne le faisais en lisant *L'Otage*, et j'admire les éclairs, qui sont nombreux, sans comprendre bien tout l'orage. Je voudrais pouvoir causer de ces choses avec vous. Il faudra que nous nous rencontrions encore, à Paris, et que nous ayons de bonnes fortes causeries d'art. Mais je suis très convaincu de la puissance poétique et dramatique qui est en vous. Heureusement elle y est pour l'honneur et pour la victoire de la vérité !

Je vous envoie *La Douce France*, écrite pour les écoles, à ce qu'il semble, et plus sûrement pour ceux qui ont passé l'âge scolaire[68].

Au revoir ! Offrez mes meilleurs hommages à Madame Reine.

Je suis tout à fait cordialement vôtre.

10. PAUL CLAUDEL À RENÉ BAZIN[69]

Paris, 21 juin 1911

Cher monsieur

Votre livre *La Douce France*, reçu au moment même où j'arrivais à Hostel a été pour moi comme le sourire de la patrie. Que la France m'a paru belle en ce délicieux mois de juin, plein de lumière et de liesse, auprès de laquelle tous les autres pays ne sont que dureté et ténèbres ! Il faut vivre exilé pour comprendre les aspects les plus tendres de la terre natale. Votre livre nous les donne tous, il n'est pas seulement une leçon pour les enfants, qui sont bien la meilleure partie de l'humanité, mais pour certaines grandes personnes enclines comme moi par nature à l'amertume et au pessimisme. Le cœur bat à toutes ces belles et nobles choses que vous nous dites avec tant d'autorité et de raison, et d'un accent tout imprégné de la douceur salésienne.

Agréez, cher Monsieur, l'assurance de mes sentiments respectueux et dévoués, et veuillez présenter mes hommages à Madame Bazin.

P. Cl

Je me réjouis beaucoup de revoir Elizabeth dans quelques jours. Je ferai tout le possible pour aller vous rendre visite dans votre villégiature du Jura[70].

---

67 Publiée dans *L'Arbre*, Mercure de France, 1901.

68 Sorte de manuel scolaire, sur le modèle du *Tour de France par deux enfants* de G. Bruno, paru chez J. de Gigord en 1911.

69 Archives départementales du Maine-et-Loire, carton 11J37.

70 À la date du 11 juillet 1911, on peut lire dans le *Livre d'Hostel* : « Mardi 11 juillet. Paul est malade, visite à René Bazin à Clairvaux dans le Jura ajournée (Bazin malade) ». (Je remercie Marlène et René Sainte Marie Perrin pour cette indication).

11. PAUL CLAUDEL À RENÉ BAZIN[71]

Consulat Général de France à Francfort-S/-Mein
25 mars 1913

Cher monsieur

J'ai été bien touché de l'envoi que vous m'avez fait de *Davidée Birot*[72], et de l'aimable dédicace que vous avez mise à la première page. J'avais déjà lu dans *La Revue hebdomadaire*[73] ce roman qui me semble un des meilleurs que vous ayez écrits. Oserai-je dire que, malgré le succès qui vous entoure, vous êtes un méconnu[74] ? Du moins je n'ai jamais entendu parler nulle part de ce qui pour moi fait le principal intérêt de vos livres, la poésie, volontairement placée par vous à un diapason qui échappe à la plupart des oreilles, mais non pas à la mienne. C'est un mot délicieux, comme « cet enfant qui soupire longtemps encore après avoir fini de pleurer », ou cet autre sur la vierge et la jeune fille, une image qui éclate un moment comme une goutte de rosée, une métaphore suspendue et qui reste inachevée, et le récit reprend son cours paisible et unanime. Mais la fréquentation de Mallarmé (que vous n'aimez pas, hélas !) a eu du moins pour moi l'avantage de me faire aimer particulièrement les choses tacites et inentendues.

Jusque dans vos discours d'action publique comme celui que vous avez bien voulu joindre à votre roman, je retrouve cette pudeur et ces ressources de tendresse, de fraîcheur et de sentiment qui sont toute la poésie et qui trouvent leur séjour maternel dans une conscience catholique. Quel beau mot que celui-ci avec tout ce qu'il indique de maturité, de vertu, d'attention à son œuvre et de possession de soi-même ! C'est celui que je retiendrais pour caractériser votre œuvre, que nul, croyez-le bien, ne goûte plus que moi.

Nous avons été bien heureux d'apprendre le retour à la santé d'Élisabeth.

Veuillez agréer, cher Monsieur, l'assurance de mes sentiments respectueusement dévoués.

P. Clau

---

71 Archives départementales du Maine-et-Loire, carton 11J37.
72 Calmann-Lévy, 1912.
73 Le roman parut en feuilleton dans *La Revue hebdomadaire* entre novembre 1911 et janvier 1912.
74 Claudel avait déjà écrit la même chose à Élisabeth Sainte-Marie Perrin presque un an plus tôt : « Valléry-Radot comme moi admire beaucoup votre père et trouve aussi qu'en somme on ne lui fait pas la place à laquelle il aurait droit. » (*CPC 13, op. cit.*, p. 55). Voir aussi ici les lettres de Claudel à Bazin du 17 août 1924 et du 6 décembre 1930.

12. PAUL CLAUDEL À RENÉ BAZIN[75]

Consulat Général de France à Hambourg
23 juillet 1914

Cher Monsieur

Vous êtes bien aimable d'avoir songé à m'envoyer *Gingolph l'Abandonné*[76] que je considère comme un de vos meilleurs livres. Cela commence en roman et finit en poëme ou en « chanson » à la fois épique et populaire, avec l'entrée triomphale de Gingolph et du Normand par la passe de Boulogne. Il y a là dedans quelques unes des plus belles pages que j'ai lues de vous, surtout le chapitre de la pêche aux harengs. Je reviens du Danemark et je connais ces étranges nuits septentrionales. Et quel saisissement pour moi de lire à la fin d'un de vos chapitres cette étrange phrase « La mer ! n'est-ce pas, Seigneur, après la mort vous nous rendrez la mer ». Cela répond tout à fait aux excogitations auxquelles je me livre en ce moment sur la Résurrection des Corps et la Vie Bienheureuse[77].

Et maintenant j'aurais une petite demande d'ordre pratique à vous adresser. Je souhaiterais faire partie de la Société des Gens de Lettres où on distingue, à ce que je vois par les imprimés, des adhérents et des sociétaires. Puis-je briguer ce dernier titre ? Et dans ce cas pourrais-je vous demander de me servir de parrain ? Ce serait un grand honneur pour moi. Comme autre parrain pour moi, je songe à M. Hanotaux[78], qui m'a toujours témoigné beaucoup de sympathie. Êtes-vous en bonnes relations avec lui et auriez-vous l'amabilité de lui en parler ?

Mes enfants m'ont quitté pour les vacances, et ma femme va les rejoindre au mois de septembre. Le véritable Gingolph l'Abandonné, c'est moi.

Veuillez croire, cher Monsieur, à mes sentiments bien respectueux.
P. Clau

---

75 Archives départementales du Maine-et-Loire, carton 11J37.
76 Calmann-Lévy, 1914.
77 En effet, à partir de 1911, Claudel entame plusieurs travaux théologiques pour réformer la prédication chrétienne en remettant à l'honneur le rôle de l'imagination dans la foi. En 1913, il travaille à un essai sur « Du lieu et de la condition des corps ressuscités », qu'il évoque à plusieurs reprises dans ses lettres à l'abbé Fontaine (voir les lettres entre le 24 janvier et le 23 octobre 1913, dans Paul Claudel et François Mauriac, *Chroniques du* Journal de Clichy, suivi de la *Correspondance Claudel-Fontaine*, textes établis et annotés par François Morlot et Jean Touzot, Les Belles Lettres, 1978, p. 106-129).
78 Gabriel Hanotaux, ministre des Affaires étrangères entre 1894 et 1895 puis entre 1896 et 1898, fondateur en 1909 du Comité France-Amérique pour promouvoir les relations des deux pays.

13. PAUL CLAUDEL À RENÉ BAZIN[79]

[26 janvier 1921[80]]
Paul Claudel ministre de France au Danemark

Merci de tout cœur de vos félicitations. Je sens que ce retour vers l'Orient est voulu par la Providence.

14. PAUL CLAUDEL À RENÉ BAZIN[81]

Messageries Maritimes
17 nov[embre 1921[82]] Détroit de Shimonoseki

Cher monsieur,
J'ai acheté votre vie du P. de Foucauld[83] dans une librairie d'Haiphong et je tiens à vous dire tout de suite la joie et l'édification que ce livre m'a causées[84]. Que c'est simple et beau, cet apostolat dans le silence, cet homme qui vient se placer au milieu des sauvages les plus abandonnés du monde entier, retranchés derrière la coque la plus dure, pour leur dire simplement, sans aucun espoir dans son cœur de prêtre, qu'il les aime et qu'il est leur frère. Cela, la prière continue sous le soleil et les grandes étoiles, puis la mort et le sable qui boit un peu de sang, autant qu'il en tient dans le calice. J'aimerais vous dire que votre livre est peut-être la meilleure vie de Saint que j'ai jamais lue, parfait de tact, d'effacement, d'absence de littérature. Le Saint tout seul est là. Juste les croquis indispensables dans un livre qui prêtait tellement aux descriptions et aux considérations de toute nature. Cette précieuse absence d'applaudissements et d'exclamations. J'ai trouvé tout cela d'un goût supérieur, un vrai modèle.
Et voici devant moi ces petites cases japonaises, les montagnes émergeant de la brume comme dans les estampes[85]. Pourquoi suis-je ici ! Je

---

79 Archives départementales du Maine-et-Loire, carton 11J39.
80 Selon le tampon de la poste sur l'enveloppe.
81 Archives départementales du Maine-et-Loire, carton 11J30.
82 L'année de la lettre n'est pas indiquée mais l'on sait que nommé à Tokyo, Claudel quitte la France le 1er septembre 1921 pour arriver à Yokohama le 19 novembre. Il relate son voyage dans son *Journal* (t. I, p. 516-531).
83 *Charles de Foucauld : explorateur du Maroc, ermite au Sahara*, Plon, 1921.
84 Dans son *Journal*, Claudel écrit à une date entre le 10 et le 14 novembre 1921 : « Lu avec admiration et humiliation la vie admirable du P. de Foucauld par René Bazin » (t. I, p. 530).
85 Mêmes impressions notées dans le *Journal* : « Le 17 au matin, Shimonosaki. Les petites cases, les montagnes dans le brouillard » (t. I p. 531).

n'en sais rien. Mais l'essentiel est de ne plus être dans cet affreux Paris que j'ai en horreur. J'ai fait un bon voyage.

Je vous prie de me rappeler au bon souvenir de Madame Bazin et de faire mes amitiés à Elizabeth. Croyez-moi, cher Monsieur, votre bien affectueusement dévoué.

P. Clau

15. PAUL CLAUDEL À RENÉ BAZIN[86]

Ambassade de France au Japon
17 août 1924

Cher Monsieur,

Je suis bien en retard pour vous remercier de l'honneur et du plaisir que vous m'avez faits en m'envoyant *Le Conte du Triolet* qui m'a semblé un de vos meilleurs ouvrages et un vrai petit chef-d'œuvre. Personne n'aura regardé ce beau pays de France avec des yeux plus clairs et un cœur plus sensible que les autres. J'ai souvent à batailler à votre sujet avec des gens qui ne sont sensibles qu'aux barbouillages grossiers et aux attitudes théâtrales. Au fond malgré l'Académie vous êtes victime d'une grande injustice et la critique qui s'occupe si volontiers d'un tas d'idioties malpropres ne dit pas assez que vous êtes un des meilleurs écrivains qui aient honoré notre langue et qui possèdent cette chose bien supérieure au style que nos ancêtres appelaient la « parlure ».

J'espère que votre santé est bonne et que vous êtes heureux dans ce beau pays d'Anjou. Votre sort est plus heureux que le mien qui est celui d'un éternel exil et de l'absence de tout.

Croyez, je vous prie, à mes sentiments respectueusement dévoués.

P. Clau

16. PAUL CLAUDEL À RENÉ BAZIN[87]

Ambassade de France au Japon
Tokyo, 28 décembre 1926

En même temps que vers le pauvre Antoine ma pensée s'est tournée vers vous, cher Monsieur Bazin, quand deux mots sur un télégramme m'ont brutalement appris la mort de notre pauvre Élisabeth[88] ! Je suis

---

86 Archives départementales du Maine-et-Loire, carton 11J37.
87 *Ibid.*
88 Élisabeth Sainte-Marie Perrin est morte le 18 décembre 1926 (voir *Journal*, t. I, p. 745).

père et je comprends ce que c'est que la douleur de perdre une enfant chérie, qui était vraiment la fille non seulement de votre chair, mais de votre âme et de votre pensée. Que vous dire dans cette grande affliction ? Je ne puis que pleurer avec vous. Je revois ces beaux yeux bruns qu'elle avait hérités de sa mère[89], ces yeux si gais et si intelligents, fixés sur les miens et je pense que je ne leur ai pas dit adieu et que je ne les reverrai plus en cette vie[90]. Puissent-ils intercéder pour moi dans le ciel où elle nous attend !

Dites à votre femme quelle part profonde et respectueuse je prends à votre affliction.

Puissent Notre Seigneur et Sa Sainte Mère vous assister et vous consoler !

17. PAUL CLAUDEL À RENÉ BAZIN[91]

Ambassade de France à Washington
10 janvier 192[8][92]
    Cher monsieur
    La nouvelle de la mort du cher Antoine[93] nous est arrivée le lendemain du jour de l'an et nous a donné naturellement une grande tristesse, mais une tristesse qui se rapportait plus à nous-mêmes qu'à celui que nous perdons, tellement nous sentions tous qu'il ne tenait plus à la terre et qu'Élisabeth l'appelait. Antoine était une belle âme, faite de l'union d'un cœur excellent et d'un esprit ouvert et lumineux. C'est l'absence totale d'égoïsme qui faisait la qualité supérieure de l'un et de l'autre et lui permettait de se donner sans réserve aux personnes et aux idées qu'il aimait. Je sentais qu'il avait pour moi une affection plus que fraternelle et je la lui retournais de tout cœur. Puisse-t-il me la continuer dans un séjour de sainteté et de justice au sein duquel il a retrouvé celle qu'il aimait ! Je vous prie de dire à madame Bazin combien je la plains

---

89   Dans son *Journal*, Claudel notait en août 1925 à propos d'une visite aux Bazin lors d'une randonnée en auto avec sa fille Gigette : « Les beaux yeux noirs de Madame Bazin » (t. I, p. 685).

90   On retrouve le même motif dans le poème qu'il dédie à sa belle-sœur : « Élisabeth Sainte-Marie Perrin » (poème daté du 6 février 1927, *Po* p. 969) et dans le poème intitulé « Pauline Jaricot » (avril 1928, *Po* p. 864).

91   Archives départementales du Maine-et-Loire, carton 11J37.

92   Claudel date cette lettre de 1927. Mais il s'agit de toute évidence d'une erreur, due au récent changement d'année civile, puisqu'Antoine Sainte-Marie Perrin est mort en décembre 1927.

93   Dans son *Journal*, Claudel note : « 2 j[anvier]. – Nous apprenons la mort de notre frère Antoine Sainte-Marie-Perrin chez les Bazin à Paris. » (t. II, p. 798)

dans ce deuil qui renouvelle pour elle celui de l'an passé et agréez pour vous-même, Monsieur, l'assurance de mon respectueux attachement.

P. Clau

18. RENÉ BAZIN À PAUL CLAUDEL[94]

26 mars 1928

Excellence et cher ami,

Je vous remercie de la lettre que vous m'avez écrite après la mort d'Antoine, et de tous les témoignages d'affection que vous avez donnés à ce cher ménage disparu. Ma femme, depuis que les papiers du 28 quai Tilsitt[95] sont arrivés à Paris, c'est-à-dire depuis plusieurs mois, n'a cessé de lire l'énorme correspondance d'Élisabeth, les essais, les travaux achevés, inédits ou publiés. Révision douloureuse souvent, lorsqu'on voit les rêves, et cette fin, qui est toujours la même pour nous, et imprévue cependant.

Vous avez dû entendre parler par Élisabeth d'une Anglaise catholique, que nous connaissons de longue date : Mrs Balfour[96]. Elle a traduit d'assez nombreux volumes, d'auteurs français. Elle a accepté de traduire *Pauline Jaricot*[97]. L'œuvre est faite, mais elle serait beaucoup mieux accueillie du grand public anglais, elle aurait comme une garantie de pénétrer très avant dans les comtés d'Angleterre et les États d'Amérique, si elle était présentée par l'Ambassadeur, le grand poète et l'ami que vous êtes. Deux ou trois pages de vous contribueraient à faire comprendre la vie de la fondatrice lyonnaise, et à faire aimer la mémoire de ma fille.

Voulez-vous les écrire ? Voulez-vous le faire assez rapidement pour que l'édition préparée ne tarde pas, pour que l'éditeur puisse tout de suite annoncer le livre, et le nom de l'auteur célèbre à côté de celui d'Élisabeth ?

Ayez la bonté de me le dire. Je ne doute guère, ce qui signifie : je ne doute pas.

Nous sommes à Paris et ne prendrons pas de vacances de Pâques, cette année. Je travaille, et vous devinez que nous souffrons.

René[98] est parti hier, pour Lyon, où doit se faire l'inventaire de la pauvre chère maison.

---

94   BnF, NAF 28255.
95   Adresse d'Antoine et Élisabeth Sainte-Marie Perrin à Lyon.
96   On ignore qui est cette dame.
97   É. Sainte-Marie Perrin, *Pauline Jaricot, fondatrice de la Société pour la propagation de la foi (1799-1862)*, J. de Gigord, 1926. Ce projet de traduction ne semble pas avoir été réalisé.
98   Il s'agirait, d'après Marlène et René Sainte-Marie Perrin, de Louis-René Bazin, un des fils de René Bazin, également romancier, né en 1892 et mort en 1973.

Au revoir ! Dites-moi d'un mot quelque chose d'heureux. J'ai besoin de l'entendre, ce mot-là.

Offrez mes hommages et nos affectueux souvenirs à Reine, et croyez-moi bien cordialement vôtre.

19. PAUL CLAUDEL À RENÉ BAZIN[99]

Ambassade de France à Washington
W[ashington] le 28 mars 1928

Cher Monsieur

Je suis très touché et honoré de la bonne pensée que vous avez eue de m'envoyer votre beau livre sur le grand et saint Pape Pie X[100]. Je l'ai lu avec infiniment de respect et d'édification. Il fera beaucoup de bien à ce moment où le Vicaire du Christ est attaqué et contredit d'une manière si odieuse et scandaleuse[101]. Les textes que vous citez sont d'une actualité frappante. *Mortuus adhuc loquitur*[102]. – D'ailleurs tout semble indiquer que des jours terribles se préparent pour le Pape. Le Fascisme ne fait qu'appliquer les doctrines de l'A[ction] F[rançaise] et le Mexique nous fait voir, après tant d'autres exemples, qu'une tyrannie sans frein finit toujours par s'attaquer à Dieu.

Vous êtes bien éprouvé depuis un an, cher Monsieur, mais votre foi tranquille et forte vous soutient.

Présentez, je vous prie, mes respectueux hommages à Madame René Bazin et croyez moi, cher Monsieur

Votre bien affectueusement dévoué

P. Clau

20. PAUL CLAUDEL À RENÉ BAZIN[103]

Ambassade de France à Washington
Washington, 5 avril 1928

Cher Monsieur

Il me semble que vous auriez été mieux placé que moi pour donner satisfaction à Madame Balfour, mais enfin, puisque vous le désirez, et si

---

99 Archives départementales du Maine-et-Loire, carton 11J37.
100 *Pie X*, Mame, 1928.
101 Allusion sans aucun doute à la crise qui secoue les catholiques de France à la suite de la condamnation par le Saint-Siège de l'Action Française en 1926.
102 « Même mort, il parle encore ».
103 Archives départementales du Maine-et-Loire, carton 11J37.

j'en suis capable, je serai trop heureux de rendre l'hommage que je puis à une double mémoire. Seulement je vous demanderai du temps car je pars dimanche pour une longue tournée dans les états du Sud, et je suis surchargé d'obligations de toutes sortes, sans parler de mon travail personnel. Peut-être madame Balfour pourrait-elle m'écrire[104]. J'avoue qu'il ne m'est pas très agréable de me mettre au travail pour être publié en traduction.

Je vous prie de présenter mes hommages à madame René Bazin et de me croire, cher Monsieur, votre bien sincèrement dévoué.

P. Clau

Pourriez-vous me renvoyer le livre sur Pauline Jaricot ? Je ne l'ai plus très présent à la mémoire.

21. PAUL CLAUDEL À RENÉ BAZIN[105]

Ambassade de France aux États-Unis
W[ashington], le 25 mai 1928

Cher Monsieur

Non, je n'ai rien envoyé à Madame Balfour. Je lui avais écrit une lettre mais comme en la relisant elle m'a paru empreinte d'une mauvaise humeur ridicule, je ne la lui ai pas envoyée[106]. Je vous serais donc reconnaissant de lui adresser le poëme en question[107], car je ne retrouve plus sa lettre. Je désirerais beaucoup revoir les épreuves moi-même. Non, le poëme intitulé « Prière du pêcheur » n'est pas de moi[108]. J'aurais voulu faire la place plus large à Élisabeth dans mon poëme, mais vous savez ce que c'est avec ce genre de choses, on n'est pas libre de faire ce qu'on veut. J'espère qu'elle me pardonnera, en attendant une autre occasion. D'ailleurs vous avez dû retrouver le poëme que j'ai envoyé à Antoine au moment de sa mort[109]. Présentez, je vous prie, mes hommages à Madame René Bazin, et croyez-moi, cher Monsieur, votre bien sincère et dévoué,

P. Clau

---

104 À notre connaissance, aucune lettre signée de ce nom ne figure dans les archives de la correspondance de Claudel. À la fin d'avril 1928, Claudel note dans son *Journal* : « Écrit la Préface de *Pauline Jaricot* pour Madame Balfour » (*J.* I, p. 812).
105 Archives départementales du Maine-et-Loire, carton 11J37.
106 Ce brouillon de lettre n'a pas été retrouvé.
107 C'est vraisemblablement le poème « Pauline Jaricot », daté d'avril 1928 (*Po* p. 864). Le projet de livre de Mrs Balfour ne semblant pas avoir abouti, le poème ne fut publié qu'en 1929 dans le numéro de novembre de *La Revue des Jeunes*. Il fut repris dans *Écoute ma fille*, publié chez Gallimard en 1934.
108 On ignore de quel poème il s'agit.
109 C'est le poème « Élisabeth Sainte-Marie Perrin » daté du 6 février 1927 (*Po* p. 969).

22. PAUL CLAUDEL À RENÉ BAZIN[110]

Ambassade de France aux États-Unis
Washington, le 23 juin 1928

Cher Monsieur

Ma femme m'écrit qu'elle a causé avec vous et vous lui auriez dit que j'aurais chance d'être élu à l'Académie, si je me présentais au fauteuil de Curel[111]. Vous savez pourquoi je ne me suis pas présenté plus tôt[112]. Je suis toujours absent de France. Le temps me fait défaut pour une campagne académique qui est toujours compliquée et difficile : elle le serait spécialement pour moi qui compte beaucoup d'antipathies sous la Coupole[113]. Je ne puis songer à faire de visites. Enfin un échec me nuirait beaucoup dans la mission difficile que je remplis maintenant en Amérique. D'autre part je ne me sens aucune compétence pour parler convenablement de M. de Curel.

Les journaux Américains annoncent que le pauvre Maréchal Joffre est très souffrant. Je ne lui veux aucun mal, mais s'il venait à disparaître, et si vous croyez toujours que j'aurais des chances de succès, je serais sans doute disposé à me mettre sur les rangs[114].

Veuillez me rappeler au souvenir de Madame Bazin et me croire, cher Monsieur, votre bien sincèrement dévoué.

P. Clau

---

110 Archives départementales du Maine-et-Loire, carton 11J5.

111 François de Curel, romancier et dramaturge, entré à l'Académie française en 1918, mourut en 1928. Ce fut Charles Le Goffic qui fut élu à son fauteuil.

112 On le voit, si Claudel ne se présentera à l'Académie française qu'en 1935 (pour y être battu par Claude Farrère et n'y entrer finalement qu'en 1946, sans candidature), cela fait donc longtemps qu'il y songe.

113 Allusion sans doute aux attaques des néo-classiques contre Claudel : voir Emmanuelle Kaës, « Claudel et la "clarté française" », dans *Paul Claudel et l'histoire littéraire*, éd. Pascale Alexandre-Bergues, Didier Alexandre et Pascal Lécroart, Besançon, Presses universitaires de Franche-Comté, 2010, p. 231-250 ; et *Paul Claudel et la langue*, Classiques Garnier, 2011.

114 Élu à l'Académie française en 1918, le maréchal Joffre ne mourut qu'en 1931. Le général Weygand lui succéda.

23. PAUL CLAUDEL À RENÉ BAZIN[115]

Ambassade de France aux États-Unis
Washington, le 5 juin 1929

Cher Monsieur Bazin

Je lis dans un journal que vos amis, sur l'initiative du Directeur de la *Revue des Deux-Mondes*, se sont réunis pour vous remettre un souvenir à l'occasion du Vingt-cinquième anniversaire de votre élection à l'Académie Française[116]. L'horreur sacrée que j'inspire à M. René Doumic[117] l'a probablement empêché de penser à moi pour se joindre à vos admirateurs. Je puis du moins vous envoyer de loin l'hommage de mon respect et de mon affection. Je n'ai jamais cessé de vous considérer comme un des meilleurs écrivains de l'heure actuelle, un homme qui a une profonde entente du cœur et de l'oreille avec la langue française, et chez qui les plus belles qualités de peintre s'unissent avec une sensibilité profonde et distinguée. Ce dernier adjectif exprime mal quelque chose d'infiniment précieux et rare. Croyez que vous n'avez pas d'amis que dans les cercles académiques qui vous portent aujourd'hui leurs vœux. Même du fond des ténèbres extérieures une voix peut s'élever pour dire qu'un livre comme par exemple *Le Roi des Archers*[118] fait honneur à la France, dans tous les sens de l'expression. Que Dieu vous garde et vous permette de continuer longtemps encore votre belle activité, malgré les rudes épreuves que la vie vous a apportées !

Respectueusement,

P. Clau

---

115 Archives départementales du Maine-et-Loire, carton 11J5.

116 Sans doute s'agit-il de la plaquette *Discours prononcés pour le jubilé académique de M. René Bazin*, Mame, 1929.

117 Les archives de la BnF conservent néanmoins trois lettres de René Doumic à Claudel, dont deux à propos d'événements liés à la *Revue des Deux-Mondes*.

118 Calmann-Lévy, 1929.

24. PAUL CLAUDEL À RENÉ BAZIN[119]

Ambassade de France aux États-Unis
Washington, le 17 juillet 29

Cher Monsieur

J'ai bien reçu votre lettre ainsi que le livre de notre chère Élisabeth, *Images*[120], que j'ai trouvé ravissant, plein de poésie, de sentiment et parfois d'une douce malice. Et cette aisance naturelle dans le français qu'elle avait héritée de vous. On naît écrivain, on ne le devient pas, comme s'en aperçoivent ces bandes de Juifs Kalmouks qui encombrent actuellement notre littérature.

Je vous suis infiniment reconnaissant de votre bonté pour moi mais, sur le conseil excellent de l'abbé Bremond[121], j'ai renoncé définitivement à me présenter à l'Académie. Je ne me sens pas l'intrépidité nécessaire pour surmonter les flots pressés des Le Goffic[122], Croisset[123] et autres candidats et pour arriver enfin à demi noyé, au fauteuil de M. de Curel ou de quelque autre du même genre.

Quant à Doumic je ne sais pas pourquoi je vous en ai parlé. C'est un pauvre imbécile dont l'inimitié comme celle de Masson[124], son prédécesseur, m'honore.

Veuillez croire, cher Monsieur Bazin, à mes sentiments les plus affectueusement dévoués.

P. Clau

---

119 Archives départementales du Maine-et-Loire, carton 11J5.

120 Préface de Paul Bourget, Plon-Nourrit, 1929. Il s'agit d'un recueil posthume de nouvelles dont certaines avaient déjà été publiées dans des revues.

121 La correspondance entre l'abbé Bremond et Claudel a été publiée par André Blanchet (« Claudel lecteur de Bremond », *Études*, numéro de septembre 1965, p. 155-167). Mais les lettres datées de 1929 qui s'y trouvent ne contiennent aucune mention de cette candidature à l'Académie française. Faut-il penser à une lettre perdue ?

122 Charles Le Goffic, poète, romancier et critique littéraire, dont l'œuvre est consacrée à la Bretagne. Ce fut lui qui succéda au fauteuil de François de Curel, par 20 voix.

123 Francis de Croisset, romancier et auteur dramatique mondain. Il échoua dans sa candidature à l'Académie française, ne remportant que 8 voix.

124 Sans doute s'agit-il de Frédéric Masson, historien, qui entra à l'Académie française en 1903 et en devint le secrétaire perpétuel en 1919. Peu favorable à Claudel, il avait, en 1922, dans son rapport sur les prix littéraires de l'Académie française, fait l'éloge du livre de Pierre Lasserre, *Les Chapelles littéraires*, qui attaquait Claudel, Jammes et Péguy, et même regretté que Lasserre ait ménagé ses cartouches contre les trois écrivains (voir « Extraits du rapport de M. Masson sur les prix littéraires », *La Croix*, numéro du 8 décembre 1922, p. 5). Dans son *Journal*, Claudel avait recopié cet extrait du discours de Masson : t. I, p. 572).

25. PAUL CLAUDEL À MADAME RENÉ BAZIN[125]

Ambassade de France à Washington D.C.
11 août 1929

Chère Madame,
Je suis bien sensible aux paroles de sympathie que vous m'adressez à l'occasion de la mort de ma vieille mère, qui rend définitive une séparation, hélas, inauguré (*sic*) déjà depuis les longues années de ma carrière errante ! Pas plus qu'à mon père je n'ai pu lui dire le dernier adieu[126]. Mais il m'est doux de penser qu'elle est morte réconciliée avec Dieu après une longue vie humble et honnête. Je n'ai aucune crainte pour son salut.
Cette mort m'a mise en communion d'âmes avec toutes celles qui l'ont précédée, en particulier avec celle d'Antoine et de notre chère Élisabeth. Comment pouvez-vous douter que j'aie la moindre objection à la pensée pieuse que vous m'exprimez ? Mon seul étonnement est que les inscriptions dont vous parlez n'aient pas été ajoutées au tombeau de famille depuis longtemps[127].
Je ne rentrerai pas en France cette année mais je n'en suis pas moins sensible à votre aimable invitation.
Veuillez me rappeler au bon souvenir de votre mari et agréer, chère Madame, mes respectueux et affectueux hommages.
P. Clau

26. RENÉ BAZIN À PAUL CLAUDEL[128]

3 décembre 1929

Excellence et cher ami,
Je vous écris, aujourd'hui, pour vous recommander deux Français, qui partent pour les États-Unis, en voyage d'affaires.
C'est M. Jacques Thubé, fils d'un ancien magistrat, devenu industriel et qui a montré, dans deux carrières, les plus remarquables qualités.

---

125 Archives départementales du Maine-et-Loire, carton 11J37.
126 Louise Claudel, née Cerveaux, est morte le 20 juin 1929 (voir *J*. I, p. 863), alors que Claudel est en poste à Washington. Louis-Prosper Claudel est mort le 2 mars 1913 alors que Claudel était à Francfort.
127 On ignore de quoi il s'agit exactement. Antoine et Élisabeth Sainte-Marie Perrin sont inhumés dans le cimetière de Belmont-Luthézieu dans l'Ain. Je remercie Marlène et René Sainte Marie Perrin pour cette indication.
128 BnF, NAF 28255.

En second lieu, M. Frédéric Ferronière, ingénieur chimiste, neveu d'un de mes anciens collègues à l'Université de l'Ouest.

Ces messieurs représentent la maison R. Bolloré, qui fabrique, à Quimper et à Troyes, du papier à cigarette de qualité spéciale, et dont les produits, si je ne me trompe, sont réservés à l'Amérique et à l'Angleterre.

Par l'honorabilité et la distinction de leurs familles, par l'importance de l'industrie qu'a fondée M. Bolloré, par leur valeur personnelle, ils sont de ces Français qu'un diplomate doit être heureux d'accueillir et, s'il y a lieu, de protéger.

Vous viendrez, j'espère, me raconter leur visite à l'ambassade de Washington. Car j'ai été bien privé de ne pas vous voir cette année. Et quand vous serez aux rives de Loire, je vous demanderai de désigner à votre chauffeur, sur la carte Michelin, un petit point rouge, et qui se nomme Saint Barthélémy d'Anjou[129].

Nous sommes en suffisante santé. Je travaille. Vous lirez un chapitre de moi, dans le livre du centenaire de la *Revue des Deux-Mondes*, et un livre, j'espère, dans quelques mois.

Sur la table près de moi, il y a deux photographies, et les fleurs sont toujours renouvelées, que nous plaçons au-dessus d'elles. Ce que vous avez écrit d'Élisabeth était beau et bien des gens me l'ont dit.

Offrez mes hommages et souvenirs à Reine et croyez-moi bien fidèlement et cordialement vôtre.

René Bazin

27. PAUL CLAUDEL À RENÉ BAZIN[130]

Ambassade de France aux États-Unis
Washington, le 2 juin 1930

Cher monsieur – J'arrive un peu tard pour vous remercier de votre beau et émouvant roman[131] que vous avez eu l'aimable attention de m'envoyer. C'est un grand livre qu'aucun chrétien ne lira sans serrement et sans dilatation du cœur. Est-il vraiment possible qu'en France existent encore des paysans qui ressemblent à vos Maguern ? Comme ce serait consolant de l'espérer. C'est une joie de lire vos pages, pleines de notations délicates et souvent exquises, qu'il s'agisse des âmes ou des paysages.

---

129 Petite ville à l'est d'Angers où se trouvait la propriété de René Bazin : « Les Rangeardières ».
130 Archives départementales du Maine-et-Loire, carton 11J37.
131 *Magnificat*, Calmann-Lévy, 1930.

Savez-vous ce qu'est devenue la dame anglaise qui devait traduire le livre sur Pauline Jaricot de notre chère Élisabeth ? À votre demande je lui avais envoyé une pièce de vers comme préface. L'a-t-elle reçu ? Le livre a-t-il paru ? Je n'en ai plus jamais entendu parler[132].

Je pense souvent d'ailleurs à Élisabeth et à Antoine. Les morts ont une espèce de carrière posthume dans le souvenir de ceux qui les ont connus.

Présentez mes hommages à Madame René Bazin.

Bien affectueusement vôtre

P. Clau

28. PAUL CLAUDEL À RENÉ BAZIN[133]

Ambassade de France aux États-Unis
Washington, le 6 décembre 1930

Cher monsieur

J'ai lu avec infiniment de plaisir et de saveur votre charmant livre sur l'Anjou[134] qui contient quelques unes de vos meilleures pages. Pour un exilé comme moi c'est un vrai délice de me voir ainsi apporté tout l'accent et toute l'atmosphère de ce vieux pays dont je me souviens à peu près à la façon des morts de l'Odyssée. Un jour où l'autre on vous rendra justice et l'on dira que René Bazin a été un des plus grands artistes de la prose française qui aient existé.

Présentez mes respects à Madame Bazin.

Je vous serre affectueusement les mains.

P. Clau

---

132 Voir *supra*, lettres 18, 20 et 21 et notes 104 et 107.
133 Archives départementales du Maine-et-Loire, carton 11J37.
134 Sans doute *Paysages et pays d'Anjou*, pourtant paru en 1926 (Angers, éditions du Bibliophile angevin).

EN MARGE DES LIVRES ET THÈSE

Dominique MILLET-GÉRARD, *Le Verbe et la Voix. Vingt-cinq études en hommage à Paul Claudel*, Paris, Classiques Garnier, 2018.

Dans la continuité de son ouvrage *La Prose transfigurée*[1], publié en 2005, Dominique Millet-Gérard nous offre un nouveau recueil de vingt-cinq études en hommage à Paul Claudel, réunies et publiées à l'occasion du cent-cinquantième anniversaire de la naissance de l'écrivain. Communications faites à des colloques, collaborations à des ouvrages collectifs et articles publiés dans diverses revues forment un ouvrage dense et foisonnant, mais d'une grande cohérence intellectuelle. Toutes ces études ont en effet pour point commun de procéder d'une même approche : celle qui s'intéresse à l'esthétique spirituelle de Claudel, ou, selon l'expression que Dominique Millet-Gérard reprend au jésuite allemand Hans Urs von Balthasar, à son « esthétique théologique ». L'expression, traduite de l'allemand, peut sembler obscure : elle désigne une conception de la beauté nourrie par la méditation de la Révélation chrétienne. Or, comme l'explique lumineusement la préface, « la voix claudélienne est [...] indissociable du Verbe divin » parce que « la voix du poète se modèle sur le Verbe de Dieu créateur » (p. 11). Comment donc, chez Claudel, le surnaturel transfigure-t-il la Voix en Verbe ? C'est ce que chacune de ces vingt-cinq études tente à sa manière d'éclairer.

Une première section le fait dans une perspective d'histoire littéraire. Étudiant les liens de Claudel avec ses aînés (Bossuet), contemporains (Francis Jammes, Piero Jahier, Jean Schlumberger) ou ceux qu'il n'a hélas jamais eu l'occasion de rencontrer (Hans Urs von Balthasar, François Cheng), elle montre l'importance de cette esthétique théologique dans les relations de Claudel avec ses semblables. C'est de sa pratique qu'il trouve une justification chez Bossuet en lisant ses propos sur le « symbolisme dissemblable » (p. 44). C'est elle qu'il enseigne à Francis Jammes en l'accompagnant sur le chemin de la conversion. C'est elle aussi qui, tout à la fois, attire à lui et éloigne de lui Piero Jahier et Jean Schlumberger, séduits par un verbe qui n'est ni romantisme spirituel ni littérature pieuse, mais séparés de Claudel par des divergences théologiques ayant

---

1   D. Millet-Gérard, *La Prose transfigurée. Études en hommage à Paul Claudel*, Paris, PUPS, 2005.

aussi une traduction esthétique. C'est cette esthétique théologique, bien évidemment, qu'Urs von Balthasar, constatant la rupture des deux ordres qu'avait opérée la Réforme, admire avec enthousiasme chez Claudel. Enfin, c'est elle qui, parce qu'elle est née chez Claudel au contact de l'Extrême-Orient, affilie profondément le poète à un autre de ses admirateurs : François Cheng.

Une seconde section s'intéresse plus spécialement au théâtre et permet de voir concrètement à l'œuvre cette esthétique théologique. Certaines études montrent combien l'écriture dramatique de Claudel est une « écriture de la méditation » (p. 212 et p. 301-322) : ainsi se comprennent, par exemple, la superposition, dans *Tête d'Or*, de différents rituels liturgiques, antiques, celtiques, chinois ou catholiques, ou, dans *Le Soulier de satin*, l'alternance dramaturgique entre mouvement et suspens. D'autres s'attachent à étudier la façon dont Claudel a pu catholiciser des éléments venus d'ailleurs : ainsi, dans *Tête d'Or*, du mythe antique du Phénix, christianisé selon la tradition patristique, ou, dans *Le Soulier de satin*, du motif de l'Ombre double, issu du théâtre japonais, mais doté ici d'un sens catholique. De son côté, une étude passionnante et très documentée explore le rôle qu'a pu jouer le *ludus paschalis* auquel Claudel a assisté à Prague en 1909 dans la réécriture de *La Jeune Fille Violaine* en un *mystère* médiéval (*L'Annonce faite à Marie*), parfait exemple, s'il en est, d'esthétique spirituelle.

Une dernière section, stylistique, se concentre sur des procédés claudéliens, pour pointer, très finement et très précisément, par où, techniquement, s'introduit la transcendance. Dominique Millet-Gérard montre ainsi combien Claudel reprend des procédés d'esthétique biblique, tels que la prosopopée de Dieu, présente dans la Bible et pratiquée par les Pères de l'Église, le « cartouche » d'idées, ou encore la recherche, par-delà le sens littéral, du sens figuré. Elle explique aussi le sens qu'ont ses reprises de formes japonaises comme les Haï Kaï et les Dodoïtzu : si Claudel les pratique, ce n'est pas comme un jeu de contraintes formelles – qu'il respecte peu –, mais comme une façon de spiritualiser et d'esthétiser le réalisme.

Cet ouvrage riche et érudit, écrit d'une plume vive et spirituelle, que les explorations conduisent jusqu'en des territoires inattendus (le lien avec François Cheng par exemple) ou difficiles (la situation de Claudel au sein des différentes familles spirituelles ou sa position sur la question du sens littéral et du sens figuré dans l'exégèse) offre au lecteur beaucoup d'informations. Comme un kaléidoscope, il lui propose aussi des perspectives stimulantes, parce qu'on peut y dessiner d'autres parcours : un parcours thématique qui étudie les deux grandes sources d'inspiration de Claudel, l'antique et la japonaise, mais aussi un parcours chronologique qui montre la naissance de l'esthétique théologique de Claudel au contact de l'Extrême-Orient, sa confirmation grâce à la lecture de Bossuet, son approfondissement à Prague, puis sa reconfiguration lors du passage à l'exégèse. Facilités par trois index, mille chemins s'ouvrent alors au lecteur vers cette Voix où se dit le Verbe.

Graciane LAUSSUCQ DHIRIART

*   *
*

Flaminia MORANDI, *Paul Claudel. Un amore folle per Dio*, Paoline, Milano, 2018.

À l'occasion du cent cinquantième anniversaire de la naissance de Paul Claudel, l'éditeur catholique *Paoline* a chargé la journaliste Flaminia Morandi, auteur de plusieurs biographies de personnes célèbres telles que Olivier Clément, Pavel Evdokimov et Marcello Candia, d'écrire le récit de la vie du poète-ambassadeur. De fait, le livre *Paul Claudel. Un amore folle per Dio* [Paul Claudel. Un amour fou de Dieu], est la première biographie en langue italienne publiée depuis 1947, année de la parution du *Paul Claudel* d'Ennio Francia[1].

Cet ouvrage, très attendu des lecteurs italophones et conçu pour le grand public, est écrit dans un style haletant, quasi journalistique. Pour raconter l'histoire de Paul Claudel, Flaminia Morandi imagine des scènes de vie facilitant l'identification du lecteur avec ce poète, notamment en ce qui concerne sa jeunesse, en recourant à des descriptions réalistes vivantes. En écrivant sous le regard du dramaturge, la journaliste restitue au mieux les sentiments et les émotions de cet homme inspiré.

_____

1   Ennio Francia, *Paul Claudel*, Morcelliana, Brescia, 1947.

Les thèmes essentiels retenus par l'auteur sont le désir, la passion et la quête de Dieu. Le texte comprend quinze chapitres qui mentionnent les affectations du diplomate en insistant bien évidemment sur ses liens avec l'Italie. La journaliste permet ainsi au lecteur de comprendre l'importance des voyages évoqués dans tous ses écrits tout en mettant en valeur l'importance de l'enracinement pour Paul Claudel.

Le parti pris de Flaminia Morandi d'omettre les références bibliographiques des nombreuses citations de Claudel présentes dans le volume permet de goûter sa poésie – encore si peu traduite en langue italienne – sans freiner le rythme du récit de sa vie.

Pour la première fois, le lecteur italien aura une vision d'ensemble de la vie de Paul Claudel. Cette biographie met en relief l'influence exercée par sa vie personnelle sur la conception de ses drames. Sans cela, le lecteur, seul et sans repères, se perdrait dans l'immensité de l'œuvre. Cet ouvrage, bien présenté, permet de lire en italien, la vie exceptionnelle d'un Paul Claudel encore trop méconnu en Italie. Le parcours unique de ce grand poète universel incitera le lecteur à la découverte émerveillée de toute son œuvre.

Agnese Bezzera

* *

*

Le « livre (typo)graphique », 1890 à nos jours : un objet littéraire et éditorial innommé. Identification critique et pratique.

« Cette ombre que me confère la lune comme une encre immatérielle ». Tout commence avec quelques photocopies du facsimilé de *Cent phrases pour éventails* de Claudel. Pour la première fois, le texte littéraire s'incarne dans une fête des sens. Devenu visible, le texte ne s'arrête pas là, il gonfle, prend une troisième dimension et devient... un livre. En partant des *Cent phrases pour éventails*, on arrive très vite aux *Stèles* de Segalen, deux ouvrages que les spécialistes font pointer vers le *Coup de dés* mallarméen. Ces ouvrages relevant du livre de création de bibliophilie français, nous espérions les trouver mentionnés dans les deux bibles du genre, *Le Poète et le peintre* de François Chapon et *Peinture et poésie* d'Yves Peyré. Les titres sont pourtant très explicites, peintre, peinture, mais nous en espérions une interprétation moins littérale qui aurait permis d'y inclure le texte visible. Même constat dans le *Guide de l'amateur de livres illustrés, Cinquante livres illustrés depuis 1947, Des Livres rares depuis l'invention de l'imprimerie* ou la section « Livres de luxe » de l'*Histoire de l'édition française t. IV.*

Cette thèse a donc pour origine le constat, via l'expérience livresque de l'Extrême-Orient par Claudel, de la non prise en compte des ouvrages se caractérisant par leur seule iconicité scripturale en histoire du livre et de l'édition ainsi que de l'absence de définition d'une catégorie les regroupant aussi bien dans cette discipline qu'en littérature, histoire du graphisme, sémiotique ou histoire de l'art. La première hypothèse est que cette catégorie correspond au « livre graphique » parmi lequel on a distingué en se fondant sur l'histoire des techniques, le livre (typo) graphique, au côté du livre (calli)graphique, (dactylo)graphique, etc. ; aussi avons-nous choisi de nous consacrer à la première sous-catégorie.

La première partie consiste en une identification théorique du livre (typo)graphique. Une enquête historiographique analyse les barrières épistémologiques à la considération critique de l'objet d'études tout en dégageant des outils conceptuels (Johanna Drucker, Anne-Marie Christin). Suivent une histoire du livre (typo)graphique puis la définition d'un ensemble de traits génériques et typologiques.

La deuxième partie consiste en l'identification des producteurs de livres (typo)graphiques par le prisme des auteurs. Le premier chapitre se fonde sur l'histoire littéraire, et procède donc par mouvement dont six s'avèrent significatifs. Cette méthode présente toutefois deux écueils. D'abord, la spécificité de l'objet d'étude – le livre et non pas le texte graphique – implique une approche technique mais aussi génétique sur le plan éditorial que favoriserait plutôt un biais par éditeur. D'autre part, il ressort qu'un certain nombre d'auteurs – majeurs – de livres (typo) graphiques n'ont paradoxalement pas été retenus par ce premier tamis. Ceci permet d'énoncer deux nouvelles hypothèses. Premièrement, le livre (typo)graphique semble aussi caractéristique d'auteurs impliqués dans le discours sur l'art et l'évolution de l'appropriation de ce dernier par les poètes, une des causes du développement de notre objet. Il s'agit donc dans le deuxième chapitre de mettre en évidence le fil rouge reliant les productions de Claudel, Segalen, du Bouchet et Tardieu pour conclure au caractère d'« appropriation » littéraire de procédés picturaux de leurs livres (typo)graphiques. Deuxièmement, de proposer une équivalence entre le livre (typo)graphique de ces auteurs et la « peinture lettrée », en nous fondant sur leurs textes critiques et transpositions d'art et sur la dernière thèse d'A.-M. Christin.

Au terme de la deuxième partie, il ressort que la grande majorité des livres (typo)graphiques identifiés n'a pas été embrassée. La troisième partie consiste donc dans un balayage par le biais des éditeurs. Un résultat beaucoup plus fructueux permet de proposer une cinquième hypothèse : le livre (typo)graphique est principalement un livre d'éditeur. Le premier chapitre met en avant cinq évolutions de ce producteur de 1890 aux années 1980, le dernier chapitre est consacré à la production du « poète-typographe », figure la plus prolifique de livres (typo)graphiques.

Cette thèse vise à constituer une contre-histoire du livre illustré ou un complément à celle du livre de création et un instrument de recherche appliquée identifiant et recensant les ouvrages (typo)graphiques de 1890 à nos jours.

Sophie Lesiewicz

ACTUALITÉS

LA CRÉATION DU *SOULIER DE SATIN*
EN SCÈNE ET SUR LES ONDES

UNE « JOURNÉE PARTICULIÈRE » À LA COMÉDIE-FRANÇAISE

La Comédie-Française offre chaque saison à son public un cycle de lectures autour des temps forts qui ont marqué son histoire intitulé les « Journées particulières ». Agathe Sanjuan, conservatrice-archiviste de la Bibliothèque-Musée de la Comédie-Française, à l'origine de cette passionnante initiative lancée en 2015, invite les spectateurs à découvrir ou redécouvrir le répertoire de la Maison de Molière, ses grandes figures et ses grandes dates. À chaque rendez-vous, les comédiens prêtent leur voix et leur talent à ce voyage dans le temps et font revivre l'espace d'un après-midi le patrimoine de ce théâtre séculaire. Pour ouvrir le cycle 2018-2019, Agathe Sanjuan a choisi d'explorer les conditions de la création du *Soulier de satin*. La séance a eu lieu le 9 février dernier au Théâtre du Vieux-Colombier. Didier Sandre, inoubliable Don Rodrigue dans la mise en scène du *Soulier de satin* d'Antoine Vitez, a assuré la conception artistique de cette lecture de près de deux heures, durée inhabituelle à la mesure de l'ampleur de la pièce.

Le premier enjeu d'un tel projet est de redonner le contexte historique, national et particulier, de la création, cette dernière ayant eu lieu le 27 novembre 1943 alors que la France était occupée par la puissance nazie. Le rôle de l'historienne était dévolu, comme il se doit, à la conservatrice-archiviste, excellente pédagogue, assise à un grand bureau appartenant au décor des *Oubliés*, pièce alors à l'affiche du théâtre dont la scénographie a permis à cette « Journée particulière » de bénéficier d'un dispositif bi-frontal propice à faire entrer les spectateurs dans le vif de l'événement. Ce regard historique indispensable était prolongé avec pertinence par des images d'archives montrant Paris à l'époque et par la lecture de textes tirés des richesses de la Bibliothèque-Musée notamment le compte rendu de la réunion du Comité de lecture du 28 décembre 1942 au cours de laquelle *Le Soulier de satin* a été accepté par les sociétaires. À travers l'évocation des tribulations de l'œuvre dans les instances de la Comédie-Française, le spectateur pouvait ainsi mesurer les rapports de pouvoir entre les comédiens et l'administrateur, Jean-Louis Vaudoyer, avec en arrière-plan les contraintes qui pesaient sur le monde des spectacles soumis au couvre-feu et à la censure. Alain Lenglet, qui prenait le relais de certains commentaires historiques, prêtait avec justesse sa voix à l'administrateur, homme de lettres sincèrement conquis par l'œuvre de Claudel et homme de pouvoir devant composer avec les forces en présence.

Le fil historique de cette création croise celui des relations entre l'auteur et le metteur en scène, Jean-Louis Barrault. L'un étant à Paris en zone occupée, l'autre à Brangues en zone libre, les communications étaient malaisées, elles passaient par des courriers entre les deux hommes, et avec l'administrateur. Correspondance qui témoigne de la flamme inextinguible de Barrault pour l'œuvre, de l'âpreté des négociations avec le Français et de l'intérêt concret et passionné de Claudel pour la mise en scène. Parmi ces lettres, la « relique » la plus précieuse est sans doute la lettre d'acceptation de Claudel donnée à Barrault déchirée par les Allemands dans le train de retour à Paris et dont le jeune metteur en scène a soigneusement ramassé tous les morceaux. Elle est aujourd'hui conservée à la Comédie-Française. Barrault raconte l'épisode dans les *Souvenirs pour demain* qui complétaient les lettres et permettaient ainsi aux spectateurs de suivre les épisodes qui menèrent jusqu'au jour de la première. L'interprétation généreuse et enthousiaste de Jean-Louis Barrault par Loïc Corbery rendait parfaitement ce mouvement d'impatience et d'exaltation qui précéda la création. Les lettres de Claudel étaient lues par Nazim Boudjenah avec la vigueur et l'opiniâtreté adéquates.

Il n'était cependant pas le seul à incarner le poète dans cette lecture qui, si elle s'employait à relater des événements, voulait donner aussi à entendre les propos de l'auteur. Bruno Raffaëli répondit pour lui avec une sincérité confondante et plongea le public dans la genèse du texte et dans les émotions ressenties par Claudel au moment de la création. Il était notamment interviewé par Danièle Lebrun (Jean Amrouche) avec une malice qui frisait l'insolence pour le plus grand plaisir du spectateur. Elle poursuivit dans cette veine joyeuse en prenant à son tour la parole pour Claudel dans la leçon de diction adressée par le poète à Mary Marquet pour le rôle de l'ange-gardien. Une telle lecture aurait manqué sa cible si le texte même du *Soulier de satin* en avait été totalement exclu. Choisir un extrait, c'était, toutes choses égales par ailleurs, se retrouver dans la position de Barrault devant réduire les quatre Journées d'une durée de huit heures en trois de cinq heures maximum. Didier Sandre avait choisi plusieurs voies pour répondre à ce dilemme. La lecture commença comme la pièce, dans un désordre délicieux de répliques et d'allées et venues qui précédait la prise de parole de l'Annoncier. On retrouva plus loin la scène de l'Ombre double, dans la version d'Antoine Vitez diffusée sur écran. Dans la dernière partie du spectacle, la vague puissante du texte l'emporta et recouvrit les circonstances historiques. Bruno Raffaëlli et Nazim Boudjenah interprétèrent avec maestria la scène entre Don Léopold Auguste et Don Fernand, époustouflant mariage de comique et de lyrisme.

En guise d'épilogue, Sylvia Bergé lut la lettre d'un spectateur de 1944 faisant le récit de sa matinée passée à faire la queue pour avoir des billets pour *Le Soulier de satin* en butte aux admonestations des gardiens de la paix contre les files d'attente et à la bousculade générale des spectateurs impatients d'avoir des billets. À l'issue d'une telle traversée, le public d'aujourd'hui rêvait lui aussi de décrocher une place pour ce spectacle hors du commun.

LES ACTES DE LA MÉMOIRE SUR FRANCE-CULTURE

La fascination pour la création du *Soulier de satin* a par ailleurs suscité une émission radiophonique proposée par le dramaturge et metteur en scène Jean-Pierre Jourdain, proche comme Didier Sandre d'Antoine Vitez, dans la série de ses « Actes de la mémoire », dont les premiers rendez-vous étaient consacrés au *Regard du Sourd* de Robert Wilson, à l'aventure du Living Theatre et au *Prince de Hombourg* mis en scène par Jean Vilar. L'ambition de cette série est de faire revivre ces grands moments de l'histoire du théâtre. La réalisation du *Soulier de satin* était assurée par Véronique Lamendour. La diffusion a eu lieu le 10 mars 2019 sur les ondes de France-Culture et est disponible en podcast.

L'émission commence, comme la « Journée particulière », par un extrait du début de la pièce, avec la diffusion de l'enregistrement de la création, archive étonnante où en contre-point de la voix de l'Annoncier joué par Pierre Dux, on entend un commentateur détailler les déplacements des acteurs et les changements de décors. L'auditeur retrouve ensuite à plusieurs reprises cette captation ce qui donne une cohérence sonore et musicale à l'ensemble et évoque avec justesse l'atmosphère de l'époque. Elle est complétée ponctuellement par d'autres archives comme des déclarations de Pétain et de Laval ou encore une chanson de l'époque évoquant l'effervescence des scènes parisiennes. Jean-Pierre Jourdain, questionné par la comédienne Dominique Michel, nous plonge ainsi de manière vivante et parfaitement documentée dans la vie des spectacles à Paris sous l'Occupation. Soulignant les rapports tendus et souvent ambigus que le monde des théâtres entretenait avec l'occupant, il rappelle d'emblée la lettre de Paul Claudel au grand rabbin Isaïe Schwartz le 25 décembre 1941 pour « tordre le cou aux soupçons d'un Claudel antisémite et collaborationniste ».

Le propos se concentre ensuite sur le trio Claudel, Barrault et Vaudoyer. Une part importante est faite à la personnalité de Jean-Louis Barrault, à ses premiers pas chez Dullin, à son compagnonnage avec le mime Étienne Decroux, à sa fougue et à son audace de jeune saltimbanque et à sa rencontre avec le poète et diplomate Paul Claudel si profonde, si féconde et si joyeuse. Barrault dira de leur première conversation qu'elle a été pour lui « le plus formidable des tours de manivelle » Le récit est illustré avec bonheur par de larges extraits des *Souvenirs pour demain* lus par Denis Podalydès, qui ne cache pas son admiration inconditionnelle pour son prédécesseur. Joignant au récit historique une analyse des enjeux de la pièce, Jean-Pierre Jourdain souligne à quel point *Le Soulier de satin* était un antidote puissant contre la morosité de l'époque et le défaitisme. Il rappelle cette phrase de l'auteur : « Du côté où il y a plus de joie c'est là qu'il y a plus de vérité » et en voit la parfaite illustration d'une œuvre où l'énergie déborde le texte, où la poésie est toute-puissante, où le charnel, le divin et le burlesque forment un mélange explosif. La conclusion inattendue de cette proposition radiophonique est la mise en parallèle du *Soulier de satin* avec le film *Les Enfants du paradis*. Outre la concomitance des deux œuvres et la double présence de Barrault apparaissent des similitudes de structures tout à fait frappantes. De Prouhèze à Garance, il n'y aurait qu'un pas. Pour s'en convaincre, il suffit de se mettre à l'écoute du récit enjoué et captivant de Jean-Pierre Jourdain pour France-Culture.

Joël HUTHWOHL

* *
*

« UN CLASSIQUE TOUJOURS D'AVANT-GARDE. RÉFLEXIONS AUTOUR DE *CENT PHRASES POUR ÉVENTAILS* DE PAUL CLAUDEL ». COLLOQUE DU 5 FÉVRIER 2019 À LA MAISON DE LA CULTURE DU JAPON À PARIS

Ce colloque marquait l'un des points d'orgue de l'année « Japonismes 2018 » en France et coïncidait à quelques mois près avec le cent cinquantenaire de la naissance de Paul Claudel. Il se proposait de confronter, autour de *Cent phrases pour éventails*, les regards croisés de quatre poètes composant chacun des haïku : NATSUISHI Bany'a et ONDA Yûko en japonais, Abigail FRIEDMAN en anglais, Alain KERVERN en français, et de deux éminents comparatistes : KANEKO Mitsuko, connue pour ses recherches sur le symbolisme français et Marceline Desbordes-Valmore, et l'animateur de cette soirée : HAGA Tôru, spécialiste d'art comparé et de poésie japonaise classique, auteur notamment d'un ouvrage sur les résonances du haïku dans l'œuvre de poètes français, dont Claudel. La présence de la « haikiste » américaine Abigail FRIEDMAN, qui anime régulièrement un festival au Canada pour promouvoir le « haïku universel », et de NATSUISHI Bany'a, qui œuvre depuis plus de vingt ans, avec son « Association mondiale de haïku », à la diffusion de cette forme poétique hors du Japon, donna en outre à cette réunion une dimension internationale.

HAGA Tôru, dans son exposé « Vers la Poésie sans paroles », montra au fil d'une analyse de la préface et de certains poèmes des *Cent Phrases* comment, à partir de motifs revisités par son imaginaire (le Fuji, le mont Nantai, le koto ou le premier Empereur), Claudel s'est forgé une vision mythique de l'archipel japonais. NATSUISHI Bany'a, qualifié par certains au Japon, de « Bashô du haïku contemporain », se livra à un exercice paradoxal visant à élucider « l'énigme hermétique » [sic] que constitue pour lui le recueil de Claudel. Il mit en évidence les effets de contraste obtenus par l'écrivain grâce à un traitement très personnel de la thématique des couleurs et des plantes (la *pivoine* versus le *blanc* et le *rouge*, notamment) propre à l'esthétique japonaise classique, mais que Claudel double d'images liées à sa culture religieuse (effusion de sang du Christ crucifié ou « dragon rouge » de l'Apocalypse). Les textes choisis – les plus réussis à son sens des *Cent phrases* – illustraient parfaitement son propos tendant à prouver que l'originalité du recueil réside en une tentative de « poésie pour surmonter le dualisme » qui opposerait, tant dans leur forme que dans leur esprit, les approches française et japonaise de la composition poétique.

Si l'on pouvait regretter que ces premiers exposés, malgré leurs vues inédites, aient été limités par un questionnement implicite sur ce que les textes de Claudel doivent ou non à l'art du haïku, la synthèse effectuée par KANEKO Mitsuko permit de cerner la place unique des *Cent phrases* dans la poésie de son époque. Citant Bashô : « Le poète doit élever son esprit le plus haut possible et revenir au *Zoku*, à la quotidienneté, la vie ordinaire – c'est-à-dire au monde sensible », la chercheuse consacra l'essentiel de son propos aux moyens d'expression « avant-gardistes » adoptés par Claudel dans la typographie et la mise en page de son recueil : usage de l'encre et du pinceau, qui imprime au mouvement de la main un rythme particulier porteur de « souffle » ; suppression de la ponctuation – induisant une véritable « hémorragie du sens » qui met en valeur, par complémentarité avec les blancs qui émaillent l'espace des pages, l'union du vide et de la plénitude. Elle s'est aussi interrogée sur ce qui rapproche les poèmes de Claudel tant de l'esprit du haïku classique et que du haïkaï français tel qu'il fut traduit par Paul-Louis Couchoud et pratiqué par Julien Vocance dans ses *Cent visions de guerre* (1916), poèmes composés « à chaud » dans les tranchées. Julien Vocance avait déjà été évoqué un peu plus tôt par Abigail FRIEDMAN qui, comme Claudel, fit une longue carrière de diplomate en Extrême-Orient. Elle releva l'importance, en Chine comme au Japon, de la poésie *en tant qu'art visuel*, et insista sur le souci du poète français de « donner à voir l'écriture de l'Ouest à travers une esthétique calligraphique asiatique » – remarque reprise et précisée par Alain KERVERN. Celui-ci, après avoir souligné ce que les évocations de la nature devaient, dans ce recueil, aux « almanachs poétiques japonais », les *saijiki*, sous-tendus par une vision très particulière du passage des saisons, rapprocha la démarche esthétique et typographique de Claudel de celle de Victor Segalen dans *Stèles*.

La vision d'ONDA Yûko de Claudel comme « géant » de la poésie et du théâtre, capable de marier dans un même élan créateur le savoir, la foi et la sensibilité, permit d'aborder les *Cent phrases pour éventails* dans une perspective plus ouverte. On retiendra un point essentiel de son discours : si le recueil de Claudel doit beaucoup, dans sa forme, à la « voie du pinceau », et, de façon plus indirecte, à l'esthétique du haïku classique, ces poèmes seraient surtout tributaires, dans leur esprit, de l'intérêt philosophique qui portait l'auteur français vers la pensée chinoise, notamment le bouddhisme et le tao.

Cette soirée passionnante eut le mérite de proposer à la réflexion des spectateurs de nombreuses questions ; à chacun d'apporter ses propres réponses et surtout, à travers une relecture des *Cent phrases pour éventails*, de sentir résonner peut-être en lui cette « déflagration du poème » qui fit jaillir en Claudel, au fil de son « expérience en Extrême-Asie », une inspiration nouvelle.

Dominique PALMÉ
Traductrice littéraire

Addendum au Bulletin numéro 227 p. 69 :
Lors de la diffusion, à Moscou le 14 octobre 2018, de la captation de l'intégrale du Soulier de Satin mis en scène par Antoine Vitez, la traduction simultanée a pu se faire grâce à la traduction en russe réalisée par Ekaterina Bogopolskaia : qu'elle soit ici remerciée de ce gros travail pour lequel elle a manifesté de très belles compétences. Ekaterina Bogopolskaia a en effet traduit le drame en russe, traduction parue à Moscou aux éditions Alma Mater en 2010, dont Inna Nekrassova a rendu compte dans le Bulletin nº 201 en 2011 (p. 51-54).

NÉCROLOGIE

Hommage à Charles Galpérine

L'année 1965 a été pour moi fondamentale comme pour tous les clau-déliens. Cette année-là paraissait dans la Bibliothèque de la Pléiade le précieux volume d'*Œuvres en prose* de Paul Claudel dans la Bibliothèque de la Pléiade, préfacé par Gaëtan Picon, les textes ayant été établis par Jacques Petit et Charles Galpérine. Je revenais de province, je venais d'être nommé assistant à la Sorbonne et je pouvais enfin consacrer mon temps de chercheur à mes deux thèses de doctorat. La thèse principale était consacrée à *L'Orientation britannique de Paul Claudel*, et ce volume d'œuvres en prose était pour moi une mine, du texte évoquant le séjour « Dans l'île de Wight » (p. 1014-1019), pour lequel il était bien précisé que c'était « le premier publié par Claudel, paru dans *la Revue illustrée* le 1er août 1889, signé *Pierre Servan* » (p. 1532), à « Un après-midi à Cambridge » (p. 1321-1326) daté de juin 1939 (un mois avant ma nais-sance !) Les principaux écrivains étaient aussi largement représentés, de William Shakespeare (pas moins de vingt références dans l'index des noms) à Coventry Patmore avec l'importante lettre au père Ubald d'Alençon (p. 529-532) publiée dans les *Études franciscaines* en février 1914 et s'achevant sur un fragment d'un poème traduit à Prague en 1910, « *Legem tuam dilexi* », avec en note un renvoi à l'indispensable étude de Marius-François Guyard, « De Patmore à Claudel », publiée dans le numéro d'octobre-décembre 1959 de la *Revue de littérature comparée*.

C'est le Recteur Guyard qui m'avait suggéré l'idée et le titre de ma thèse principale, soutenue à la Sorbonne en mars 1970 devant un jury dont il était membre et où siégeait à ses côtés Jacques Petit, professeur à l'Université de Besançon, avec qui j'étais entré très tôt en contact et qui, jusqu'à sa mort prématurée, a été pour moi un guide et un ami incomparable.

Tout naturellement, j'avais connu Charles Galpérine par Jacques Petit. Ils étaient indissociables, et ils le sont restés dans ma mémoire. Je dois beaucoup à leurs travaux, à leur soutien, à ce que je n'hésiterai pas à appeler, en reprenant un autre terme claudélien, leur accompagnement.

Et c'est avec beaucoup d'émotion que j'ai relu l'émouvante et longue
« Lettre à Michel Malicet en mémoire de Jacques Petit » écrite par
Charles Galpérine, où il a évoqué « le charme de leurs premières années
claudéliennes ».

En 1954, le Père Journet avait présenté Charles, alors âgé de vingt-
cinq ans, à Paul Claudel, venu signer ses livres au couvent Saint-Jacques.
Et, après le décès du grand écrivain, le 23 février 1955, un an après, il se
trouva à la naissance de la Société Paul Claudel. Albert Béguin, directeur de la revue *Esprit*, avait dit : « Il faut un jeune ». Le Père Journet
avait introduit Charles auprès de Pierre Claudel. Et tous s'accordèrent
pour lui demander de devenir le secrétaire général de la future Société.
Il accepta d'enthousiasme.

Après le décès d'Albert Béguin et du Père Journet, Pierre Claudel prit
le projet en main et allait devenir, comme l'a écrit Charles Galpérine,
« un cœur fraternel ». Fraternel pour lui, fraternel aussi pour Jacques Petit,
qu'avait fait connaître à Charles Ève Mathis, sa camarade à l'Université
de Besançon. Charles et Jacques n'allaient plus se quitter, jusqu'à la mort
du second, devenu professeur à l'Université de Besançon et fondateur
du Centre de recherche qui porte aujourd'hui son nom. Lors de ses
séjours à Paris, ils se retrouvaient régulièrement et en particulier dans
l'appartement du boulevard Lannes où Mme Paul Claudel, que j'ai eu
la chance de connaître, les recevait et où Pierre Claudel les attendait,
avec cette généreuse hospitalité dont j'ai été plus tard le bénéficiaire,
travaillant sur le journal intime alors inédit, et où se sont préparés les
Cahiers Paul Claudel, aujourd'hui plus indispensables que jamais. Dès
le premier de ces *Cahiers*, Jacques Petit et Charles Galpérine étaient
devenus mieux que des collaborateurs : des créateurs à quatre mains,
l'un érudit, l'autre penseur. Avec modestie, Charles a rendu à Jacques
Petit et à Pierre Claudel cet hommage :

> Sans le travail de Jacques, la Société Paul Claudel n'aurait pas eu sa solidité,
> sa fécondité ; sans Pierre elle ne serait pas née dans la lumière qui est restée
> la sienne.

J'ajouterai, comme dans sa modestie il ne pouvait le faire : sans
Charles, elle n'aurait pas eu cette ouverture et cette profondeur de pensée
qu'elle a encore aujourd'hui.

Charles Galpérine a rendu hommage à Jacques Petit en 1985 dans le
premier des deux volumes publiés à l'Université de Besançon, à Pierre
Claudel dans le n° 114 du *Bulletin de la Société Paul Claudel* en 1989

(p. 17-18). Je suis très ému d'avoir à lui rendre hommage à mon tour dans le présent Bulletin, alors qu'à son tour il nous a quittés en 2019, à l'âge de 89 ans.

Je l'ai connu très tôt, grâce à la Société Paul Claudel, et plus tard, grâce à l'Institut Collégial Européen, élargissement de l'Institut Collégial d'Études Françaises qu'avait fondé Gilbert Gadoffre, autre grand claudélien, en 1947, et dont j'eus l'honneur de devenir le président en décembre 1995. J'ai souvenir de nos dernières rencontres, lors des réunions de la Société Paul Claudel, et de la toute dernière, lors d'une réunion de l'Institut Collégial où je cédai la place de président à Georges Lomné. Nous étions très peu nombreux, dans la bibliothèque de la Fondation Robert de Sorbon, boulevard Raspail. Charles était à mes côtés et il est resté pour moi l'image de la fidélité absolue.

C'est dans le cadre de l'Institut Collégial Européen que j'ai appris à connaître et à admirer celui que les claudéliens pourraient considérer comme l'autre Charles Galpérine, le philosophe des sciences auquel un hommage a été rendu au Collège de France le 14 mai 2019 et dont l'activité a été considérable dans l'Institut Collégial Européen, en particulier dans le séminaire d'épistémologie qui, du temps de Gilbert Gadoffre, se tenait au Collège de France et était animé par les professeurs André Lichnérovitz et Marcel-Paul Schützenberger.

Jacques Petit, agrégé des lettres, était devenu un grand professeur de littérature française. Charles Galpérine, agrégé de philosophie en 1967, fut élu à l'Université Charles de Gaulle, alors Lille 3, en 1970. À l'instigation du Recteur Robert Mallet, grand claudélien et même éditeur de Claudel à l'origine, il organisa une conférence internationale à la Sorbonne sur *Biologie et devenir de l'homme,* dont il publia les actes en 1976. Ce fut pour lui une ouverture sur l'international : il fut professeur invité aux États-Unis à l'Université de Columbia et à l'Université de Berkeley, en Californie, où Gilbert Gadoffre avait lui-même enseigné. Ses recherches se sont alors tournées vers la génétique et il a publié en 1987 une étude sur *Le bactériophage, la lysogénie et son déterminisme génétique,* suivie de plusieurs autres grandes études spécialisées. Président de la Société d'Histoire et d'Épistémologie des Sciences de la Vie de 2000 à 2003, il était membre associé de l'Institut d'Histoire et de Philosophie des Sciences et des Techniques de Paris.

On comprend, dans ces conditions, qu'après avoir géré les *Cahiers Paul Claudel* du tome I au tome X, il ait dû consacrer la majeure partie de son activité à sa carrière et à son œuvre de philosophe des sciences.

Cette œuvre, les claudéliens ont tout intérêt à la connaître et à la découvrir. Sans doute Paul Claudel sortant du lycée s'en prenait-il à *L'Avenir de la science* d'Ernest Renan. Mais il avait le plus grand respect pour les savants. Il a rendu hommage en 1951 aux « savants [qui] se sont aperçus tout récemment des réserves presque infinies d'énergie recelées dans la matière ». Je retrouve ce texte, « Témoignage » dans le volume d'*Œuvres en prose* réunies par Jacques Petit et Charles Galpérine en 1965 (p. 1388-1392).

J'y retrouve aussi le très beau texte de 1953 sur « L'Enthousiasme » (p. 1392-1397) où Claudel, s'opposant à Valéry, exprime sa foi dans « l'énergie », dans « la fécondation dans le désir », dans cette foi, au sens le plus large du terme, dont Charles Galpérine à son tour, nous a donné l'exemple et le modèle.

Pierre BRUNEL

RÉSUMÉS/*ABSTRACTS*

Pascal LÉCROART, « Paul Claudel dans le fonds d'archives Ida Rubinstein de la Bibliothèque du Congrès de Washington »

Ces archives permettent d'avoir accès à l'ensemble des lettres que Claudel a adressées à Ida Rubinstein, ainsi qu'à certains documents précieux. On peut alors retracer la relation de Claudel avec l'interprète admirée et mécène. D'abord enthousiasmé, et quelque peu effrayé, par les multiples possibilités de travailler à la réalisation d'un spectacle total, le dramaturge a ensuite vu ses espoirs déçus. *Jeanne d'Arc au bûcher* demeure, avec la partition d'Honegger, une réalisation exemplaire.

Mots-clés : Darius Milhaud, Audrey Parr, œuvre d'art totale, *La Sagesse ou la Parabole du festin*, *L'Histoire de Tobie et de Sara.*

Pascal LÉCROART, *"Paul Claudel in the Ida Rubenstein archival fonds of the Library of Congress, Washington, D.C."*

Those archives provide access to all the letters Claudel sent to Ida Rubinstein, as well as to some precious documents. We are thus able to trace Claudel's relationship with the admired performer and patron. At first enthusiastic, and somewhat frightened, by the various possibilities of working towards a complete work of art, the playwright was then disappointed. Joan of Arc at the stake *remains, with Honegger's score, an exemplary achievement.*

Keywords: Darius Milhaud, Audrey Parr, total work of art, La Sagesse ou la Parabole du festin, L'Histoire de Tobie et de Sara.

Graciane LAUSSUCQ DHIRIART, « Correspondance Paul Claudel-René Bazin »

Entre 1910 et 1928, Paul Claudel et René Bazin ont entretenu une correspondance, dont une trentaine de lettres est conservée à la BnF et aux Archives départementales du Maine-et-Loire. Elle nous dévoile le dialogue à la fois familial et littéraire, professionnel et intime, de deux hommes très différents mais habités par le même projet : mettre leur plume au service de la transformation de la société moderne en une nouvelle société chrétienne.

Mots-clés : Renouveau catholique, écrivains catholiques, société chrétienne, Académie française, roman réaliste, traditionalisme, modernité laïque.

Graciane Laussucq Dhiriart, *"Correspondence between Paul Claudel and René Bazin"*

Between 1910 and 1928, Paul Claudel kept up a regular correspondence with René Bazin. The BNF *and the* Archives départementales du Maine-et-Loire *retain about thirty of their letters. They reveal the dialogue, both familial and litterary, professional and intimate, between two very different men, yet motivated by the same intention: transforming by their writings modern society into a new christian one.*

Keywords: Catholic revival, catholic writers, Christian society, French Academy, realistic novel, traditionalism, secular modernity.

BULLETIN D'ADHÉSION

SOCIÉTÉ PAUL CLAUDEL
Chez René Sainte Marie Perrin
4 rue Troyon, 75017 Paris

Tél. : 06 16 98 07 24 ou 01 42 77 96 36
Courriel : societe-paulclaudel@wanadoo.fr
Site internet : www.paul-claudel.net

La Banque postale / Centre de Paris 20041 00001 1564046 F 020 50
IBAN FR65 2004 1000 0115 6404 6F02 050 – BIC PSSTFRPPPAR

ANNÉE 2019
(trois numéros)

❏ Membre bienfaiteur   à partir de 50 €
❏ Membre actif   40 € dont 24 d'abonnement au bulletin
❏ Étranger   45 € dont 24 d'abonnement au bulletin
❏ Étudiant   15 €
❏ Étudiant étranger   20 €

(Reçu fiscal au-dessus de 24 €)

Nom :   Prénom :
Adresse :

Nationalité :   Profession :
Téléphone :

IMPORTANT : si vous avez une messagerie, veuillez nous préciser votre adresse électronique, ce qui nous permettra de vous joindre, en cas de besoin, plus facilement et plus rapidement. Par avance merci.

Courriel :   @

Bulletin à nous retourner accompagné de votre chèque de règlement
à l'ordre de la Société Paul Claudel

CLASSIQUES GARNIER

Bulletin d'abonnement revues 2019

Titre	Nombre de parutions par an	Prix TTC abonnement France, frais de port inclus		Prix HT abonnement étranger, frais de port inclus	
		Particulier	Institution	Particulier	Institution
Ædificare Revue internationale d'histoire de la construction	2	49 €	80 €	56 €	87 €
Alkemie	2	52 €	69 €	62 €	79 €
Bulletin de l'Association des amis d'Alfred de Vigny	1	Vente au numéro : 35 €			
Bulletin de la Société internationale des amis de Montaigne	2	Vente au numéro : 27 €			
Bulletin de la Société Paul Claudel	3	Vente au numéro : 25 €			
Cahiers Alexandre Dumas	1	Vente au numéro : 39 €	49 €	Vente au numéro : 39 €	58 €
Cahiers de lexicologie	2	80 €	90 €	89 €	96 €
Cahiers de lexicologie et Neologica jumelés	3	94 €	99 €	98 €	104 €
Cahiers de littérature française	1	29 €	37 €	34 €	41 €
Cahiers de Recherches Médiévales et Humanistes	2	48 €	92 €	55 €	100 €
Cahiers d'études nodiéristes	2	48 €	93 €	55 €	100 €
Cahiers Francis Ponge	1	29 €	37 €	38 €	44 €
Cahiers Jean Giraudoux	1	Vente au numéro : 34 €			
Cahiers Louis Dumur	1	39 €	49 €	48 €	57 €
Cahiers Mérimée	1	Vente au numéro : 32 €			
Cahiers Tristan Corbière	1	35 €	45 €	44 €	53 €
Cahiers Tristan L'Hermite	1	Vente au numéro : 30 €			
Cahiers Valery Larbaud	1	Vente au numéro : 35 €			
Considérant - Revue du droit imaginé	1	29 €	37 €	38 €	44 €
Constellation Cendrars	1	Vente au numéro : 26 €			
Des mots aux actes	1	35 €	44 €	45 €	53 €
Économies, gestion et sociétés (comprend : Revue d'histoire de la pensée économique, Socio-économie du travail, Systèmes alimentaires, European Review of Service Economics and Management, Entreprise & Société)	9	270 €	360 €	295 €	414 €
Écrans	2	41 €	50 €	49 €	58 €
Encomia	1	Vente au numéro : 69 €	85 €	Vente au numéro : 69 €	95 €
Entreprise & Société	2	78 €	98 €	90 €	106 €
Éthique, politique, religions	2	51 €	51 €	59 €	59 €
Études digitales	2	54 €	68 €	63 €	74 €
Études sartriennes	1	22 €	30 €	29 €	37 €
Études Stéphane Mallarmé	1	29 €	37 €	38 €	44 €
European Drama and Performance Studies	2	69 €	83 €	69 €	87 €
European Review of Service Economics and Management / Revue Européenne d'Économie et Management des Services	2	78 €	98 €	90 €	106 €
L'Amitié guérinienne	1	Vente au numéro : 25 €			
L'Année rabelaisienne	1	39 €	49 €	46 €	56 €
L'Année ronsardienne	1	29 €	37 €	38 €	44 €

Titre	Nombre de parutions par an	Prix TTC abonnement France, frais de port inclus		Prix HT abonnement étranger, frais de port inclus	
		Particulier	Institution	Particulier	Institution
La Lettre clandestine	1	32 €	49 €	38 €	56 €
La Revue des lettres modernes (séries : Écritures jeunesse n°2, Écritures XIX n°7, Voyages contemporains n°2, Minores XX-XXI n°1, Raymond Roussel n°6, Georges Pérec n°1)	6	118 €	180 €	148 €	224 €
Les Cahiers du dictionnaire	1	35 €	44 €	45 €	53 €
Libertinage et philosophie à l'époque classique (XVIᵉ-XVIIIᵉ siècle)	1	35 €	45 €	44 €	53 €
LiCarC Littérature et Culture arabes Contemporaines	1	29 €	37 €	36 €	43 €
Neologica	1	42 €	53 €	51 €	63 €
Parade sauvage	1	29 €	37 €	38 €	44 €
Revue Balzac	1	28 €	37 €	36 €	43 €
Revue Bertrand	1	35 €	45 €	44 €	53 €
Revue Bossuet	1	Vente au numéro : 29 €			
Revue des études dantesques	1	22 €	31 €	30 €	38 €
Revue d'études proustiennes	2	55 €	69 €	64 €	75 €
Revue d'histoire de la pensée économique	2	78 €	98 €	90 €	106 €
Revue d'histoire littéraire de la France	4 + biblio.	77 €	113 €	99 €	142 €
Revue d'histoire et de philosophie religieuses	4	40 €	60 €	49 €	71 €
Revue européenne de recherches sur la poésie	1	35 €	44 €	45 €	53 €
Revue Nerval	1	35 €	44 €	45 €	53 €
Revue Verlaine	1	29 €	37 €	38 €	44 €
Romanesques	2	42 €	58 €	55 €	67 €
Socio-économie du travail	2	78 €	98 €	90 €	106 €
Systèmes alimentaires	1	39 €	49 €	45 €	58 €

mis à jour le 15/03/2019

Ces abonnements concernent les parutions papier du 1ᵉʳ janvier 2019 au 31 décembre 2019. Les abonnés passant commande en cours d'année recevront les numéros déjà parus. Pour toute demande d'abonnement hors de ces dates, veuillez écrire à librairie@classiques-garnier.com.

M., Mme, Mlle : ....

Adresse : ....

Code postal : .... Ville : .... Pays : ....

Téléphone : .... Fax : ....

Courriel : ....

Modalités de règlement (en euros) :

☐ Chèque joint à l'ordre des Classiques Garnier
☐ Virement
Banque : Société Générale – BIC : SOGEFRPP
IBAN : FR 76 3000 3018 7700 0208 3910 870
RIB : 30003 01877 00020839108 70

À envoyer à :
Classiques Garnier
6, rue de la Sorbonne
75005 Paris – France

Fax : + 33 1 46 33 28 90

Courriel : librairie@classiques-garnier.com

IMPRIM'VERT®

Achevé d'imprimer par Corlet Numéric,
Z.A. Charles Tellier, Condé-en-Normandie (Calvados), en juillet 2019
N° d'impression : 159442 - dépôt légal : juillet 2019
Imprimé en France